Não force, a vida flui

CIP-BRASIL. CATALOGAÇÃO NA PUBLICAÇÃO
SINDICATO NACIONAL DOS EDITORES DE LIVROS, RJ

C563n

Clemente, Manuel
　　Não force, a vida flui / Manuel Clemente. – 1. ed.– São Paulo :
Ágora, 2022.
　　216 p. ; 21 cm.

　　ISBN 978-85-7183-307-4

　　1. Autoconhecimento – Autoajuda. 2. Emoções. 3. Comportamento.
I. Título.

22-76813　　　　　　　　　　　　　　　　　　　CDD: 152.4
　　　　　　　　　　　　　　　　　　　　　　　　CDU: 159.942

Gabriela Faray Ferreira Lopes - Bibliotecária – CRB – 7/6643

www.editoraagora.com.br

Compre em lugar de fotocopiar.
Cada real que você dá por um livro recompensa seus autores
e os convida a produzir mais sobre o tema;
incentiva seus editores a encomendar, traduzir e publicar
outras obras sobre o assunto;
e paga aos livreiros por estocar e levar até você livros
para a sua informação e o seu entretenimento.
Cada real que você dá pela fotocópia não autorizada de um livro
financia o crime
e ajuda a matar a produção intelectual de seu país.

MANUEL CLEMENTE

Não force, a vida flui

EDITORA
ÁGORA

NÃO FORCE, A VIDA FLUI
Copyright © 2022 by Manuel Clemente
Publicado mediante acordo com Alma dos Livros, Portugal
Direitos desta edição reservados por Summus Editorial

Editora executiva: **Soraia Bini Cury**
Preparação: **Janaína Marcoantonio**
Revisão: **Raquel Gomes**
Capa: **Diana Jorge Trigo/Alma dos Livros**
Projeto gráfico e diagramação: **Crayon Editorial**

Editora Ágora
Departamento editorial
Rua Itapicuru, 613 – 7º andar
05006-000 – São Paulo – SP
Fone: (11) 3872-3322
http://www.editoraagora.com.br
e-mail: agora@editoraagora.com.br

Atendimento ao consumidor
Summus Editorial
Fone: (11) 3865-9890

Vendas por atacado
Fone: (11) 3873-8638
e-mail: vendas@summus.com.br

Impresso no Brasil

O medo é a não aceitação da incerteza; se a aceitarmos, ela se transforma numa aventura.

RUMI

SUMÁRIO

"Você só precisa ser você mesmo" 9
Fome de viver 12
Todo excesso esconde uma falta 16
Fora do lugar 20
Os meus pais 24
O eterno inconformado 28
O abismo 32
Ilusão 38
"Estava na cara" 42
Quem nos ensina a sofrer? 45
Não há de ser nada 48
O que estou fazendo aqui? 52
Não há pressa 58
Voltar atrás 62
Carapaça 69
Comparação 73
Faltou luz 77
Boicote 81
Ano novo, mais do mesmo? 84
O menino dança? 89
Tão sozinho 93
Medo de morrer 99

Estava tudo bem 103
Na posse de ninguém 107
Vou mudar por você 112
"O problema não é você, sou eu" 116
Aceita que dói menos 119
O que não tem de ser (também tem muita força) 122
A receita 125
Admita de uma vez por todas 128
Tolerância 132
"Digo o que me dá na telha". .137
"Isso não vai ficar assim" 140
Sobreviver já não basta 144
Monte Agung. 147
Renascimento. 152
Não se deixe enganar 156
Faça a sua parte 160
Viver com propósito 165
Maior do que eu 168
Ponto de vista 173
Voz interior 176
Escultura 180
Melancolia 183
Ser quem sou 187
Em caso de dúvida, não duvide do seu valor 192
Dar o salto 195
Coragem de viver 200
"Não custa tentar" 207
Você faz falta 211
Viagem de volta 215

"VOCÊ SÓ PRECISA SER VOCÊ MESMO"

*Cada um é composto de três personalidades:
a que exibe, a que tem e a que pensa que tem.*

ALPHONSE KARR

O ano de 2011 marcou o final da minha vida acadêmica e, por conseguinte, o início da minha experiência profissional. Eu levava na mão um "canudo" que dizia que eu entendia de gestão e engenharia industrial. Isso na teoria. Pois a verdade é que, no auge do viço dos meus 22 anos, não me sentia nem gestor nem engenheiro de coisíssima nenhuma.

Naquele verão, não fiz outra coisa que não fosse disparar currículos para o maior número possível de multinacionais. Estava ansioso para arranjar trabalho e provar a mim mesmo que os estudos não tinham sido em vão. Sentia também medo de ficar para trás em relação aos meus ambiciosos e determinados colegas. Enfim, idiotices.

Felizmente, algumas dezenas de candidaturas depois, comecei a ser chamado para as primeiras entrevistas, as quais me provocavam um misto de entusiasmo e pavor. Não fazia ideia do que vestir, do que dizer e muito menos de quem ser. Queria agradar, ser bem-visto e conseguir finalmente me encaixar no mercado de trabalho.

Antes de eu sair de casa, minha mãe sempre me dizia a mesma coisa: "Manuel, você só precisa ser você mesmo". Aquelas palavras revestiam-me de coragem e motivação, mas só até chegar à porta do carro. Assim que entrava, olhando pelo retrovisor, via-me numa roupa que não era minha e tampouco sabia quem era. Ainda me faltava descobrir primeiro quem eu não era.

Apesar de certeiras, as expressões que começam por "você só precisa" tendem a camuflar toda uma rede complexa de decisões. Em algum momento, provavelmente todos já dissemos a alguém: "Você só precisa ser feliz". É verdade, é um fato. No entanto, caso a pessoa não saiba como ser feliz ou como ser ela própria, a frustração é ainda maior.

Assim que nascemos, todos somos presenteados com uma essência e uma originalidade únicas. Ninguém é igual a ninguém, e isso é o que nos torna especiais e essenciais. Os primeiros anos da nossa vida são caracterizados por pureza e genuinidade. À medida que crescemos, vamos sendo expostos a vários condicionamentos intrínsecos ao ambiente que nos rodeia. Indefesos e inconscientes, absorvemos como esponjas o que nos dizem e o que vemos.

Somos o resultado do lugar onde vivemos, da educação que recebemos, das experiências por que passamos e das expectativas que têm em relação a nós. Todas essas pesadas camadas foram se acumulando sobre a nossa singularidade. Em geral, acabamos desempenhando um papel que nada tem que ver com quem de fato somos. Ao longo do tempo, vamos sentindo que existe uma defasagem enorme entre a identidade que criamos e a pessoa que devíamos ser. Em geral, esse abismo é sentido na forma de amargura, raiva, angústia, tensão, frustração.

Do alto da sua sabedoria, Chico Buarque afirmou que não temia a mudança, mas que as coisas nunca mudassem. É urgente recriarmo-nos e darmos uma oportunidade à individualidade que carregamos. Mesmo que não a vejamos ou não acreditemos nela, ela está sempre lá. Aonde formos, ela também vai. Precisamos deixar morrer quem julgávamos ser para podermos mudar e ser quem realmente somos.

Não há uma idade exata para que esse fenômeno ocorra. Há quem nunca precise tomar essa atitude, pois desde cedo se manteve fiel à pessoa que era. Por medo ou ignorância, há também quem nunca venha a descobrir quem verdadeiramente é. Pouco importa. O importante é assumirmos que não há volta a dar, muito menos atalhos imediatos. O caminho do autoconhecimento e da descoberta dos nossos recantos mais profundos é a única forma de nos despirmos de tudo que não nos serve.

Se você veio ao mundo com essas características é porque o mundo precisa de você tal como é. Orgânico, espontâneo e livre.

É muito fácil e tentador ficar aquém de tudo que você poderia ter sido. As armadilhas podem ser imprevisíveis e os obstáculos, desafiadores. No entanto, nem tudo é ruim. Pelo menos haverá a certeza de que não há ninguém melhor do que você... para cumprir o seu destino.

DEIXA EU TE FALAR:

Só você pode se impedir
De ser quem é.

FOME DE VIVER

> *Não há céu sem tempestades, nem caminhos sem acidentes. Não tenha medo da vida, tenha medo de não vivê-la intensamente.*
>
> **AUGUSTO CURY**

Um dos maiores desafios da minha ainda breve existência sempre foi a falta de paciência. Não no sentido de me exaltar com facilidade, mas de sentir que as coisas não aconteciam na velocidade que eu desejava. Sempre quis tudo para ontem, porque amanhã já me parecia tarde demais. Eu era aquela criança que terminava as frases das pessoas porque já sabia o que iam dizer. Aborrecia-me profundamente ter de esperar, era um martírio. Vendo agora de outro ponto de vista, fui cooptado pela ilusão que aprisiona grande parte das pessoas: quanto mais depressa, melhor. Quanto mais depressa soubesse o que queria fazer da vida, mais feliz seria. Quanto mais depressa encontrasse a minha outra metade, mais apaixonada seria minha vida amorosa. Quanto mais depressa conseguisse juntar dinheiro, mais confortável se tornaria o meu dia a dia. Claro que, se observarmos esses cenários de uma perspectiva meramente lógica e racional, tudo isso parece fazer sentido. Mas será que é assim mesmo que as coisas funcionam? Ou cada coisa tem o seu tempo, ritmo e momento para acontecer?

Tanto eu como minha namorada somos pessoas bastante ambiciosas. Sonhamos alto e procuramos nunca nos conformar com a mediocridade, seja em que nível for. Não por vaidade ou ganância, mas por amor-próprio e respeito pela oportunidade de estarmos vivos. Tentamos não nos contentar com menos do que merecemos, pois é esse o primeiro passo para evitar uma vida morna e sem sentido. Há quem nos chame de idealistas e ingênuos, mas será que existe algo mais gratificante do que lutar por uma utopia? Sei que nunca chegaremos lá, mas enquanto a mantivermos no horizonte atingiremos grandes feitos. Continuo a defender que viver por algo é a melhor maneira de não morrer por nada. Seja o que for. Todos temos a força necessária para lutar por alguma coisa; precisamos "apenas" aprender a escolher de forma sábia as batalhas que vamos travar.

Essa fome de viver não carrega apenas vantagens. Se não for bem domesticada, pode conduzir à ansiedade e à frustração. Queremos mais do que aquilo que temos, o que por vezes gera uma inquietação permanente. E nem estou me referindo apenas a questões materiais, mas a alcançar determinados objetivos pessoais e evolutivos. Imbuídos desse espírito conquistador, muitas vezes nos vimos com medo de ainda não estarmos onde devíamos. O questionamento excessivo corrói a paz de espírito e não nos conduz a nenhum destino em que valha a pena estacionar. Podemos julgar que seria de esperar já saber mais do que sabemos. Obter um crescimento espiritual mais desenvolvido do que aquele que temos. Ter viajado mais do que já viajamos. Sentir uma estabilidade material maior do que aquela que sentimos. Onde foi que falhamos? Por que ainda não atingimos aquilo que idealizamos?

O desafio toma proporções ainda maiores quando cometemos o erro de nos comparar com outras pessoas. As redes sociais são o palco ideal para que isso aconteça. Ao deslizar o dedo pela tela, somos invadidos por uma perfeição que se distancia enormemente da nossa realidade. Roupas perfeitas em corpos igualmente perfeitos. Férias incríveis em destinos paradisíacos. Refeições saudáveis com menos calorias que um copo de água. Exercício físico diário e de alta intensidade. Casas perfeitas onde não conseguimos encontrar nenhum móvel comum. Pensamentos profundos e frases feitas que nos fazem sentir ainda mais desfeitos. Enfim, a lista seria interminável. Se não prestarmos atenção ao desconforto sutil que essa enxurrada de perfeição nos provoca, facilmente somos levados a crer que a nossa vida é completamente insignificante e sem sentido. Assim como, é claro, não há grande interesse em compartilhar uma fotografia quando estamos na fila do banco ou uma *selfie* ao acordar, ainda incapazes de abrir os olhos. Sou apologista da divulgação de imagens apelativas, inspiradoras e que me façam sentir feliz pela felicidade dos outros. Não é por causa daquele colega distante que publica uma foto na praia que estou enclausurado num escritório. Não é aquele *post* patrocinado com uma salada de quinoa que vai me fazer engordar. Não é aquela vigésima sétima fotografia do casamento da minha amiga que vai me fazer sentir sozinho. A única coisa que a comparação faz é trazer à superfície questões internas que ainda precisamos resolver. Se prestarmos atenção, por que ficamos tristes com as alegrias dos outros? Então, a resposta é mesmo essa.

    Tudo se resume a nós e às expectativas que nos impomos. Quem disse que aos 27 anos você já deveria ter um emprego estável? Que aos 32 deveria estar se encaminhando para o segundo filho? Que já deveria dominar todos os seus medos e fragilidades? Se bobear, algumas pessoas já fizeram isso com você: disseram-lhe o que ser, como ser e quando ser. Outras vezes você mesmo, condicionado pelo meio que o rodeia, acreditou que tinha de completar um *checklist* imaginário em que, observando com atenção, grande parte dos pontos não faz assim tanto sentido.

Sinto-me ridículo, no melhor sentido da palavra, quando olho para trás e vejo todas as emoções negativas que alimentei por ainda não ser aquilo que julgava que deveria ser. O mais irônico é que sempre sofri com a pressa de chegar mais longe e agora agradeço por tudo ter acontecido no tempo certo. É impressionante a precisão com que cada acontecimento da minha vida se encaixa. Quase como um longa-metragem, guiado por um fio condutor no qual nada acontece por acaso nem podemos esperar saber como termina o filme ao fim dos primeiros cinco minutos. Todos os obstáculos, empregos, relações, pessoas, situações, desgostos, tudo, rigorosamente tudo teve de acontecer para que agora eu seja a pessoa que sou.

Continuo a tentar aceitar e respeitar o *timing* em que a vida se desenrola. Perdi a ingenuidade de acreditar que as coisas acontecem quando quero. Tudo acontece quando tem de acontecer. Não preciso saber nem como nem por que. Isso não me fez perder a ambição de voar alto. Continuo a querer ir depressa, mas sempre consciente dos meus limites de velocidade. Simplesmente ir dançando conforme o caos, agarrado à convicção de que, mais pra frente, tudo fará sentido. Basta ter paciência e não querer tudo para ontem nem para amanhã. Apreciar apenas o hoje e tirar o melhor partido daquilo que o presente tiver para nos oferecer.

DEIXA EU TE FALAR:

É uma questão de tempo
Até o tempo resolver
Todas as questões.

TODO EXCESSO ESCONDE UMA FALTA

Do materialismo ao espiritualismo, é uma simples questão de esperar esgotarem-se os limites do primeiro.

RAUL SEIXAS

A futilidade faz parte de um leque de atributos com que ninguém almeja ser rotulado. Quem quer ser fútil? Por si só, a palavra já encerra um tom meio ofensivo. Ao desconstruí-la, constatamos que se trata de, nada mais, nada menos, dar importância ao que é irrelevante. Dedicar energia a coisas completamente superficiais que em nada nos enaltecem — muito ao contrário. Esse é aquele momento em que, delicadamente, pomos a mão na consciência e começamos a listar a quantidade de insignificâncias às quais ainda damos prioridade. Não tem problema, é perfeitamente natural que seja assim. Diariamente, somos invadidos por tantos estímulos e imprevistos que se torna complicado processar tanta informação. É a realidade que temos, não há o que fazer a não ser tentar estar atento e perceber o que merece a nossa atenção. Afinal, o que é mesmo importante? Como distinguir o essencial do acessório? Pode o medo da futilidade travar essa aprendizagem?

É fantástico como, passados alguns anos, ainda continuam a me chegar lições valiosas da minha experiência na vila de Tarrafal, em Santiago, Cabo Verde. Naquela altura, um dos maiores desafios que enfrentei foi a diferença no acesso a bens materiais e ao conforto a que estava habituado. De um dia para o outro, literalmente, deixei de ter água quente, não podia beber a que saía da torneira, precisava encher baldes para me precaver nos dias em que não havia fornecimento, não havia *wi-fi*, eu suava tanto que a pele desenvolveu uma cobertura de gotículas permanente, os hábitos alimentares alteraram-se e, por último, me vi lutando regularmente com mosquitos e baratas em casa. Era o que havia e eu sabia que seria assim, pelo menos em tese.

Ao fim de pouco mais de quinze dias, eu já era outra pessoa. Uma versão *off-road* de mim se revelou. Deixei de usar repelente; volta e meia, bebia água da torneira e já dava nomes aos insetos lá de casa. Uma coisa aprendi: sejam quais forem as condições, o ser humano adapta-se. Sempre. Basta entrar no espírito, aceitar a realidade e recordar que era exatamente aquele "choque" que eu procurava. O fato de ver os habitantes locais viverem tranquilamente naquelas condições também ajudou. Se eles conseguem, porque não hei de conseguir? Vi-os fazer muito com muito pouco. Trabalhei com crianças que dividiam chinelos, pois mais valem dois numa perna só que um descalço. Estive em festas em que as vozes e a alegria substituíam qualquer sistema de som. Partilhei refeições com cozinheiras que temperavam a comida com amor, e isso bastava. Constatei, em primeira pessoa, que os bens materiais podem ajudar, mas que, na sua verdadeira essência, a abundância é meramente uma questão de espírito.

Sem qualquer espécie de paternalismo colonial, posso afirmar que cresci com aquele povo e tomei consciência da importância que dava às coisas erradas. Se não era preciso muito para estar bem, porque eu passava a vida correndo atrás de objetos e objetivos sem relevância? Quantos sacrifícios fizera por coisas que depois não fizeram nada por mim? Assim que voltei a Portugal, comprometi-me a alterar o meu estilo de vida. Adotei um registro mais minimalista e fui vivendo com o que tinha. Pretendia iluminar-me espiritualmente e, quem sabe, conseguir transcender o plano material. A intenção era boa, mas rapidamente tomou proporções desnecessárias. Cheguei ao ponto de andar de camisetas puídas, tudo porque não queria alimentar o capitalismo feroz do comércio têxtil. Tinha um computador mais lento que uma tartaruga e recusava-me a trocá-lo.

"Tenho muita sorte!" era a ideia que me invadia o pensamento toda vez que eu visitava as fotografias e revia a quantidade de crianças cujo sonho era ter um computador. Passei a gastar dinheiro apenas com o estritamente necessário, e tudo que ultrapassasse esse mínimo já seria futilidade.

Tinha tanto medo de ser fútil que, sem me dar conta, acabei por sê-lo. Vivia obcecado com essa questão do materialismo e com a ânsia de viver de forma modesta e simples. Se me oferecessem algo de marca e por azar eu gostasse, o sentimento de culpa era gigante. Passar por uma vitrine e interessar-me por um objeto? O pior dos horrores! Eu era fútil e não sabia. Posicionei-me tanto em um extremo que acabei por chegar a outro. Era excessivamente crítico comigo, como se estivesse fazendo algo de errado. Até que, certo dia, algumas pessoas próximas me ajudaram a recuperar o juízo. Lentamente, fui percebendo que não tinha mal nenhum querer uma camisa mais cara, um computador mais veloz ou um celular de primeira linha. Desde que com moderação, essas aquisições me tornariam uma pessoa fútil, materialista e sem empatia por quem não pode ter acesso a esses objetos? Nada disso.

Ironicamente, foi o medo da futilidade que me fez dar demasiada importância ao insignificante. Assim como todo excesso esconde uma falta, também a austeridade autoimposta e sem necessidade serve para camuflar algum exagero. O que é demais não presta, já diz o povo muito acertadamente. Tive de repensar tudo o que vivi em Cabo Verde e também depois, quando voltei para casa, para concluir que a aquisição de determinados bens nada tem que ver com ostentação. A chave está no intuito que nos leva à compra. Preciso deste carro porque, além de seguro e confortável, gosto realmente dele ou necessito de uma extensão para o meu ego? Comprei este vestido porque me cai mesmo bem ou, na verdade, estou apenas tentando encontrar autoestima nas aparências? Tiro férias num destino paradisíaco para descansar e desfrutar da água cristalina ou para provocar inveja em quem me acompanha nas redes sociais? Também pode ser mais materialista alguém com poucas posses do que o detentor de uma fortuna avaliada em milhões. Nunca se tratou de quantidade, mas sim de atitude.

DEIXA EU TE FALAR:

Só precisamos garantir
Que não somos possuídos
Pelos objetos que possuímos.

FORA DO LUGAR

> *Não é sinal de saúde estar bem adaptado
> a uma sociedade doente.*
> **JIDDU KRISHNAMURTI**

Imagine uma casa. Não importa o que está em volta dela, quantos andares tem ou quem vive ali. Enfoque apenas essa primeira imagem que a imaginação lhe trouxe. É grande ou pequena? De que cor são as paredes? Quantas janelas você consegue ver? Agora, vá até a porta, gire a chave na fechadura e entre. Passeie pelos corredores e descubra quantas divisões há. Já encontrou a cozinha? E os quartos, quantos são? A sala tem lareira? Já viu seu reflexo no espelho do banheiro?

Esse exercício pode parecer fácil. Todos conseguimos imaginar o interior de uma casa e distinguir suas diferentes divisões. O rótulo de cada área deve-se à função que desempenha e aos objetos que lhe permitem cumprir essa mesma missão. Existe uma ordem lógica que nos permite viver de forma harmoniosa e fluida.

Peço-lhe agora que volte à casa que acabou de imaginar. As mesmas paredes, o mesmo chão e a porta de entrada tal como está. As únicas coisas que você vai fazer são pôr o micro-ondas no banheiro, o bidê na sala, a mesa de jantar no quarto e o guarda-roupa na cozinha. Seria possível viver com tanta coisa fora do lugar? Claro que sim. Poderíamos tirar o melhor partido desse lar? Óbvio que não. Conosco se passa exatamente o mesmo. Conseguimos sobreviver desarrumados e, talvez por isso, nos conformamos em ter um teto. Limitamo-nos a pousar na primeira divisão que aparecer, mesmo que sejamos uma cama e o banheiro, apesar de apertado, se apresentar como um bom lugar para ficar.

A necessidade que o ser humano tem de se sentir integrado manifesta-se logo nos primeiros anos de vida. Temos amigos à beça, não perdemos uma festa de aniversário e estar sozinhos é extremamente aborrecido. Na adolescência, não pertencer a um grupo pode ser doloroso, na medida em que nos tornamos mais facilmente vítimas de *bullying*, por exemplo. Isso se repete na idade adulta com o futebol, a política, o emprego ou a família. Esse é o verdadeiro tribalismo, em que raramente se questiona se nos identificamos genuinamente com aquela tribo ou se queremos apenas um aconchego social. Só queremos ser normais, fazer o que todos fazem e cumprir o roteiro invisível que ainda dita a vida da maioria. Isso está tão enraizado que, na maioria das vezes, nem nos damos conta de que estamos constantemente preocupados em pertencer a algo. Por não sabermos quem somos, vamos à procura dessa mesma identidade em aspectos exteriores. Isso explica por que quase ninguém responde de forma fluida à pergunta: "Quem é você?" Em geral, dizemos o nome, a idade, onde vivemos ou o que fazemos, mas será que é mesmo isso que somos? Duvido.

Uma das grandes vantagens das redes sociais é que, volta e meia, o nosso olhar se cruza com um despertador. Algo ou alguém que nos faz acordar para a vida e exclamar: "Como eu nunca tinha pensado nisso?" No meu caso, foi uma imagem bastante simples e que ainda hoje guardo na memória. Posicionada num fundo branco estava uma cabeça de alho cheia dos respectivos dentes, com exceção de um. Esse espaço encontrava-se ocupado por um intruso que destoava por completo do resto da imagem. Não fosse a cor laranja vivo, aquele gomo de tangerina passaria quase despercebido. Era precisamente assim que eu me sentia. Cabia perfeitamente na sociedade em que vivia, encaixava-me lindamente, sem grandes alvoroços, mas estava feliz com o meu lugar? Não exatamente.

Depressa transpus a relação do alho e da tangerina para o mundo que me rodeava. É enorme a quantidade de pessoas que julgam estar no lugar certo quando, na verdade, se observassem a si mesmas de fora, rapidamente perceberiam que aquele não era o seu lugar. Ao contrário da peça de um quebra-cabeças ou de uma peça de Tetris, que, caso sejam mal colocadas, sofrem as consequências de imediato, o gomo camaleônico leva algum tempo até perceber sua condição. Isso explica por que é tão fácil para nós criar vidas que não são nossas. Andamos todos à procura de um emprego qualquer, de uma relação quase ao acaso e de grupos de pessoas que nos façam sentir integrados. Como se estivéssemos a brincar de dança das cadeiras, mas a música só tocou uma vez. O resto do silêncio passamos correndo, à procura de um lugar para assentar e criar raízes.

A situação torna-se ainda mais preocupante assim que percebemos que o dente de alho em falta, depois de ver o seu lugar ocupado, muito provavelmente acabou por se enfiar numa tangerina qualquer. Desistir de ser quem somos verdadeiramente também é uma forma de egoísmo. Além de nos preenchermos com espaços que não nos pertencem, ainda podemos roubar o lugar de outra pessoa. Alguém capaz de, por exemplo, desempenhar nossa profissão muito melhor do que nós, com o dobro do entusiasmo e metade do sacrifício. O mesmo se passa nas relações, quando duas pessoas permanecem juntas não pelo amor que sentem, mas pelo medo de ficar sozinhas. Estraga-se uma casa quando se podiam criar dois lares felizes.

Convido-o a olhar para a sua vida sem pressões nem julgamentos. Apenas observe a si mesmo. Tente perceber se você é uma casa com tudo no lugar ou se ainda precisa ir ao sótão cozinhar, visto que foi lá que deixou o fogão da última vez. Atenção: também não somos museus; é perfeitamente natural que haja algum tipo de bagunça. A organização é como ir à academia: só vamos ver os resultados se formos consistentes. Não ponha logo a carga no máximo; vá aos poucos, sem pressa. Mantenha a porta aberta para que possa sair tudo que está em excesso e entrar o que realmente falta. Preste atenção aos lugares aonde vai, às pessoas com quem está e em que atividade você gasta o seu tempo. Nos momentos em que o cenário for mais desanimador e você perceber isso, não desanime. Ter consciência do lugar das coisas é tão importante quanto ter as coisas no lugar.

DEIXA EU TE FALAR:

Nem tudo que nos serve
Obrigatoriamente nos cai bem.

OS MEUS PAIS

Não é da morte que temos medo,
mas de pensar nela.

SÊNECA

"**Não era para eu** estar aqui", concluía eu cada vez que tentava analisar tudo que precisou acontecer para que eu pudesse nascer. Se houvesse uma fila para descer à Terra, muito provavelmente eu estaria mais no final do que prestes a ser atendido. Não digo isso com pesar, muito menos com amargura. Foi o que teve de ser, como sempre é.

Antes de se tornar companheiro da minha mãe, meu pai foi casado com outra mulher. Nunca cheguei a conhecê-la. Não por rixas familiares, mas porque um acidente aéreo pôs fim à sua vida quando eu ainda não era nascido. Com a idade que tenho agora, meu pai já era viúvo. Um termo pesado para rotular quem quer que seja, quem dirá um jovem de 30 anos que naquela época combatia na Guerra Colonial[1]. Por mais empatia que procure manifestar, jamais conseguirei imaginar a sua dor. O mundo continua a girar e a vida tinha de acompanhá-lo.

---

1. Guerra travada entre as Forças Armadas portuguesas e os movimentos de libertação das antigas colônias de Angola, Guiné-Bissau e Moçambique entre 1971 e 1974, período em que Portugal ainda vivia sob a ditadura do Estado Novo (1933-1974). [N. E.]

Anos mais tarde, conheceu a minha mãe e decidiram ter um filho. Não, ainda não foi a minha vez. Calma. Primeiro nasceu o meu irmão, que, como a primeira mulher do meu pai, também não tive a oportunidade de conhecer. O Rui tinha 2 anos quando nos deixou, vítima de uma meningite. A dor de perder um filho não tem explicação. Em algum lugar entre o "tinha a vida toda pela frente" e o "onde foi que eu falhei?", meus pais foram consumidos por uma dor incomensurável. Aos 20 anos, minha mãe já tinha assistido à perda dos próprios pais no espaço de seis meses. E agora isso. Algo antinatural, que não se espera e com que muito menos se aprende a lidar antes que aconteça. São momentos como esse que me fazem desejar que exista algo do lado de lá, uma continuação, um permanecer do conteúdo, independentemente do prazo de validade da forma.

Assolados pelo que lhes aconteceu, faltavam-lhes as forças para manter de pé a vontade de ter um filho. E se voltasse a acontecer o mesmo? Como lidar novamente com tamanha dor? Não sei. Ninguém sabe. O único fato que posso confirmar é que aqui estou, desde a última volta dos anos 1980. Fruto de um conjunto de situações trágicas, mas sem as quais não estaria aqui escrevendo estas palavras. Se tudo tivesse corrido bem, sem acidentes nem azares, estaria eu aqui? Teria a fila andado tão depressa? Também não sei, mas gosto de refletir sobre isso.

Como vocês devem calcular, nenhum desses acontecimentos fez o cronômetro parar. Daí podermos dizer que já nasci "tarde", sobretudo numa época em que isso não acontecia com tanta frequência. Àquela altura, minha mãe tinha 38 anos. Meu pai, 45. Além de terem idade para ser os progenitores de alguns pais de colegas meus, ambos envergavam um vasto cabelo grisalho, caso ainda restassem dúvidas relativas à sua data de nascimento. Ao contrário do estigma que atormentava as primeiras crianças com pais divorciados, algo novo naquela época, para mim não havia qualquer inconveniente na maturidade dos responsáveis pela minha educação. Afinal de contas, era aquela a minha realidade, o meu "normal". Para que ficar triste?

O incômodo com os cabelos brancos chegou mais tarde, com um episódio que se tornou recorrente na minha infância. Sempre que entrávamos numa loja ou restaurante, meus pais eram abordados com uma simpatia inconveniente e interpelados com a seguinte pergunta: "Então, vieram passear com o netinho?" Isso nunca aconteceu por mal, obviamente. No entanto, o desconforto de aparentarmos ser algo que não éramos deixava-me triste. Hoje consigo percebê-lo perfeitamente, mas na época ficava meio confuso com a forma descontraída com que os meus pais desfaziam o mal-entendido. Tudo que eu queria era ser normal e passar despercebido. Seria pedir tanto assim?

A idade avançou e, com ela, também cresceu a capacidade de lidar com essas situações constrangedoras. Eu até já achava certa graça no *look* alternativo dos meus pais. O que já não teve assim tanta graça foi a aritmética compulsiva que começou a pairar sobre as minhas preocupações. Houve um dia em que me caiu a ficha e fiquei preso numa tormenta. "Então, se meus pais são mais velhos que o normal, isso quer dizer que vou perdê-los antes do que se supõe?" — vocês não imaginam a angústia. Contra fatos não há argumentos, pensava eu, enquanto me deixava contaminar por um receio inexplicável. Não queria perder quem me trouxe ao mundo antes do tempo. Quanto mais projetava esse acontecimento para um futuro breve, mais ansioso e melancólico eu ficava.

Pela primeira vez, tive de lidar com o medo da perda e aprender a gerir pensamentos menos positivos. Não tenho nenhum prazer em fazer essa afirmação, mas a verdade é que ver outros pais, mais novos do que os meus, partindo antes ajudou-me a relativizar a questão. Percebi que a ordem natural das coisas utiliza uma calculadora diferente da minha. Nem tudo é assim tão lógico e previsível. Despedir-me dos meus pais antes de terem a partida agendada revelou-se um enorme desperdício de energia. Fiquei triste antes do tempo, chorei fora de hora e sofri à custa da imaginação. Mesmo que as minhas premonições estivessem certas, de que me adiantava estar preocupado? Nada mudaria, rigorosamente nada. Acabou por não ser tempo perdido, porque graças a essa experiência aprendi algo valioso. Ainda assim, teria sido bem mais proveitoso ter trocado esses instantes de agonia por momentos de alegria junto deles.

Hoje, quando vamos almoçar fora, o neto já virou filho. Deixei de fazer contas e o meu objetivo passou a ser apenas um: tentar somar o máximo de momentos felizes que conseguir. Sinto-me em paz, feliz por ver meus pais bem, com boa saúde e os mesmos cabelos brancos de sempre. Isso não me garante que amanhã será igual, mas permite-me aproveitar o que ainda posso viver hoje.

O ETERNO INCONFORMADO

O medo nunca levou ninguém ao topo.

PÚBLIO SIRO

Sou herdeiro da geração "para a vida toda". Filho dos casamentos até que a morte obrigue o casal a separar-se, dos empregos até a aposentadoria e da monotonia que facilmente se confunde com estabilidade. A felicidade estava na repetição e na rotina. Quem ousasse fazer diferente era imediatamente rotulado de louco e trazido de volta à realidade. Tal qual os caranguejos quando veem um dos seus tentando fugir do balde. A vida é assim, ponto. E ai de quem dissesse o contrário. Antes de ganhar coragem para dizê-lo, começou a crescer em mim uma dúvida tremenda. Sentia que era possível fazer mais do que trabalhar, pagar contas, procriar e esperar que a morte me levasse. Em vez de esperar que alguém provasse que tamanha transformação era possível, decidi eu mesmo colocá-la em prática.

Motivado pela rebeldia de "ser do contra", procurei sempre o diferente, o original, o incomum. Uma das minhas principais bandeiras foi a mudança constante. Viver rimava com diversidade, daí eu ter me tornado um acumulador de experiências, à custa de um igual número de desistências. Enquanto as pessoas ao meu redor procuravam a tal estabilidade dourada, eu mergulhava de coração em cada nova oportunidade. Como já afirmei mais de uma vez, entre as pessoas próximas eu era conhecido como "o eterno inconformado". Sobretudo no que se referia ao âmbito profissional. Muito honestamente, sentia orgulho dessa capacidade de largar o conhecido — e, em tese, confortável — para ir ao encontro do novo. Há quem resista à mudança; já eu temia a permanência e a repetição. Com isso não quero dizer que estava certo e os outros errados, nada disso. Se tem uma coisa que aprendi foi que cada um tem o seu processo. Quem o diz é o Manuel de hoje, porque, se fossem falar com o inconstante daquela época, é quase certo que a conversa seria outra.

Tido como inconsequente e, de alguma forma, irresponsável, continuei a pular de trabalho em trabalho. Muitos me viam como o cara que não sabe o que quer. Talvez fosse verdade, já que naquela altura eu estava mais empenhado em descobrir o que não queria. Garimpei anos a fio em busca de experiências valiosas que fizessem o meu interior reluzir. Ao longo do caminho, vivi situações difíceis e encontrei diversos obstáculos. Procurar extrair o melhor que há em nós, por vezes, implica lidar também com o pior que há no mundo. Falo sem mágoa ou pesar. Passei pelo que tinha de passar para estar aqui agora. Pelo caminho, guardei tudo numa gaveta. Primeiro o passado e, logo por cima, as lições. Assunto encerrado — pelo menos era o que eu achava.

O matemático inglês Bertrand Russell aconselhou-nos a não temer a excentricidade, pois tudo que agora é visto como "normal" outrora foi excêntrico. A novidade e o diferente têm esse poder disruptivo. Depois de ter saltado de prédio em prédio sem nunca ser amparado pelo asfalto, as pessoas começaram a admirar-me pela ousadia e capacidade de sair da famosa "zona de conforto" — que, para mim, era extremamente desconfortável. A minha área de bem-estar estava antes no desconhecido, no edifício seguinte, pelo menos era nisso que queria crer. Durante anos, essa romantização do trajeto que percorri levou-me a ignorar alguns capítulos. Apenas muito recentemente tive a oportunidade de desvendar certos cantos recônditos dessa história. Como em todos os jardins, acabei por ver que nem tudo eram flores.

Aquela capacidade de mudar, ir ao desconhecido e abraçar novos desafios serviu apenas para camuflar uma tremenda insegurança. Chegar a essa conclusão doeu um pouco. Como a vasta maioria das pessoas, também eu sentia uma profunda necessidade de provar o meu valor. Sempre duvidava das minhas capacidades, daí a necessidade de pô-las à prova regularmente. Quando era efetivado numa empresa, julgava ter se tratado de pura sorte. O sucesso que sentia era um mero acaso, nunca mérito meu. Daí a necessidade de mudar para ter a certeza de que era capaz. Cada voo entre territórios era uma oportunidade de começar de novo e mostrar — não só aos outros, mas fundamentalmente a mim — que era capaz. Morria de medo de não ter valor, não ser reconhecido, não ser feroz o suficiente para subsistir nesta selva impiedosa.

Por mais mudanças de trajetória que eu fizesse, a certeza de que era alguém capaz nunca chegava. Eu podia percorrer todos os prédios da cidade que, assim que terminasse, ia pensar que foi coincidência. Precisava rumar até outra localidade para ter a certeza de que a sorte não tinha sido ali chamada. A repetição que tanto abominava, afinal, também estava presente no padrão dessas constantes alterações. Chegou uma determinada altura em que tive de desistir. Não dava mais, e agora percebo o porquê: não existia arranha-céu capaz de dissipar essa dúvida. Apesar de a minha vida já ter mudado muito, o receio de não ser bom o bastante continua em mim. Sinto-o sempre e com diferentes intensidades. Nestes dias, temos falado muito um com o outro, o que ajuda bastante a acalmar os ânimos. Acabei por tornar-me guarda noturno e diurno das minhas ações. Estou expressamente proibido de fazer o que quer que seja motivado pela necessidade de provar o meu valor. Como você deve imaginar, mesmo com policiamento apertado, por vezes ainda falho. É perfeitamente natural que assim seja — a "tolerância zero" não deve ser aplicada. O mais importante é estar consciente, desperto para a tendência de vir a fazer algo não por sentir que é bom para mim, mas porque cedo à tentação de mostrar que consigo.

Essa foi das descobertas mais libertadoras que já fiz. O fato de sabermos que o valor está em nós, e não nas inúmeras formas de tentar justificá-lo, livrou-me de inúmeros saltos desnecessários. Sinto-me igualmente agradecido pelo medo que reside em mim. O receio de sermos incapazes, em doses homeopáticas, ajuda-nos a manter o foco naquilo que estamos executando. Estimula o brio, o detalhe e a excelência. Sem esse burburinho de inquietação, muito provavelmente não seríamos capazes de feitos grandiosos.

Sempre que olhar para si mesmo, não se apegue somente ao arrependimento do que poderia ter feito se o medo não o tivesse impedido. Observe também tudo que você fez pela necessidade de provar que era capaz. A sua essência não quer saber disso, muito menos as pessoas de quem você busca aprovação.

DEIXA EU TE FALAR:

Mesmo quando ninguém está olhando
A estrela sempre sabe como brilhar.

O ABISMO

> *Um "não" dito com convicção é melhor e mais importante que um "sim" dito meramente para agradar — ou, pior ainda, para evitar complicações.*
>
> **MAHATMA GANDHI**

Mais do que a própria definição, o valor que cada palavra apresenta na balança tem muito que ver com sua fonética, sua entoação e o preconceito que lhe está associado. Por exemplo, o peso que atribuímos ao egoísmo tem de ser obrigatoriamente ruim? Não. Há momentos em que precisamos nos colocar em primeiro lugar e nisso não há mal nenhum. A agressividade é sempre negativa? Também não. Se estivermos sob ataque e precisarmos nos defender, talvez necessitemos recorrer a essa faceta que todos possuímos. No lado oposto, podemos também falar da ingenuidade e da vulnerabilidade, que tantas vezes são consideradas apenas fraquezas. No entanto, ambas representam enormes oportunidades de nos ligarmos uns aos outros, incentivando inclusive a empatia e a compaixão. Nesse leque de palavras que tendemos a definir sempre da mesma forma, há uma primordial: o "não". Além do til, que no meio do caminho oferece um tom grave, ainda é a representação da negação — pobre sina. Estas, ao contrário do "sim", são as três letras que não queremos que nos digam quando pedimos algo, por exemplo. Ouvir muitos "nãos" é tendencialmente pior do que contar com inúmeros "sins". Pelo menos é isso que está instituído. Talvez porque raramente consideramos que há respostas positivas que nos conduzem a situações negativas, e vice-versa. Muito já se escreveu sobre os motivos de ser tão difícil dizer não. Do medo da reação da outra pessoa, passando pelo risco de perder oportunidades, ao receio de ficarmos malvistos. Há de tudo um pouco. Como tantas outras pessoas, já padeci muito desse mal. Hoje em dia, por vezes, ainda sinto alguma dificuldade de rejeitar convites ou propostas. Porém, o fato de estar consciente dessa "armadilha" tem-me ajudado a tomar decisões mais acertadas.

Só muito recentemente percebi o outro motivo que também me levava a evitar o "não". Ao analisar-me em retrospectiva, descobri que era um *yes man*. Não no sentido bajulador e "lambe-botas" da expressão, mas mais numa perspectiva de aceitar tudo. De forma inconsciente, eu julgava ser fundamental dizer sim a cada proposta, estímulo ou convite. Minha definição de viver implicava ter de fazer muitas coisas. A falta de ocupação rimava com tédio, e por isso eu sentia que não estava aproveitando a vida. Durante a juventude, não perdia por nada uma festa, umas férias com amigos ou outro evento qualquer para o qual minha presença fosse solicitada. Curiosamente, eu me deixava levar não só pela vontade de viver novas experiências, mas, fundamentalmente, pelo medo de perder algum acontecimento importante.

À medida que escrevo estas palavras, vou soltando gargalhadas, num misto de "era tão ingênuo" com "fez parte da aprendizagem". É bom recordar o que ficou para trás e tentar, a partir daí, extrair algo que nos permita evoluir. E, por falar em evolução, assim que me tornei um jovem adulto, meu espírito irrequieto sofreu uma mutação. A necessidade de estar sempre socialmente presente ganhou uma nova companhia. Ao ingressar na vida profissional, dei por mim distribuindo sins para todo mundo. É preciso prejudicar o meu trabalho para ajudar outro colega? Vamos lá! Querem que eu junte mais um projeto aos 72 que já tenho? Contem comigo! Uma empresa me apresenta uma proposta de emprego com condições duvidosas? Quero saber mais! Eu era completamente viciado na novidade — e a coisa não ficava só nisso.

Algumas das relações amorosas que vivi também passaram por esse processo. A fase da descoberta era maravilhosa! Todos os dias eu aprendia algo novo, descobria mais um pouco sobre a outra pessoa e os meus olhos brilhavam de alegria. Assim que a luz do início se apagava, o namoro continuava, mas já a caminho do fim. Invadia-me novamente um sentimento de "devo estar perdendo algo". A solução estava sempre fora, nunca em mim. Então comecei a conjecturar que talvez a vida de solteiro é que fosse mesmo espetacular. Ou talvez eu devesse me apaixonar por outra pessoa, alguém capaz de me manter entusiasmado e em constante descoberta. Alguns corações partidos depois, finalmente percebi ser humanamente impossível que o outro nos surpreenda o tempo todo. É completamente irreal, e alimentar essa expectativa só me trouxe desilusões.

Com o aproximar da leveza da idade, fui conseguindo me libertar do peso da ansiedade. Ânsia por mais, por melhor e por algo diferente. Afinal, posso estar de fora e ficar tranquilo por não estar perdendo nada, como tantas vezes aconteceu. A vida continua sem mim, é lógico que sim, mas também não está à espera de que eu me ausente para mostrar sua melhor parte. O automatismo de querer responder afirmativamente a tudo continua aqui, admito. No entanto, agora sou eu que o controlo, não o inverso. A "fome" de novas experiências também se mantém insaciável, até porque esse é um dos meus combustíveis. A única diferença é que agora sei que cada refeição tem a sua hora, não é preciso comer tudo no café da manhã.

DEIXA EU TE FALAR:

Não é preciso fazer tudo
Para ficar com alguma coisa.

**HOJE É
UM BOM DIA
PARA**

Começar

Começar a sonhar.

Começar sem olhar para trás.

Começar por mim.

HOJE É
UM BOM DIA
PARA

Desapegar

Desapegar dos pensamentos que não me fazem bem.

Desapegar das pessoas que já não fazem parte da minha vida.

Desapegar das expectativas que me provocam ansiedade.

ILUSÃO

> *Dê a um homem tudo que ele deseja e ele, apesar disso, naquele mesmo momento, sentirá que esse tudo não é tudo.*
>
> **IMMANUEL KANT**

Tudo que somos surge na nossa mente. Com nossos pensamentos fazemos o mundo que conhecemos. Apesar de me identificar com esse conceito, não fui eu que o criei. Sua autoria pertence a Sidarta Gautama, mais conhecido como Buda. Não sendo religioso, considero-me um praticante da arte de beber de cada uma das religiões. Seria um desperdício não aproveitar esse conhecimento ancestral, amplamente difundido e de fácil acesso. Relativamente ao budismo, entusiasma-me a forma como aborda a questão da felicidade. Para sermos felizes, temos primeiro de aprender a lidar com as fontes de infelicidade. Ninguém alcança o cume da montanha de helicóptero. É preciso percorrer e sentir o caminho, da base até ao cume, com nossos pés. Ainda assim, será que qualquer um de nós está apto a iniciar esse percurso? Ou é algo restrito, permitido apenas a um pequeno conjunto de "iluminados"?

Todas as pessoas, sem exceção, procuram ou desejam procurar esse Santo Graal do bem-estar. Na ânsia de encontrá-lo, de forma inconsciente, acabam por plantar sementes de onde colherão sofrimento no futuro. Tudo parte da ilusão de que necessitamos de algo exterior para sermos felizes. Algo que constantemente adiamos para um amanhã idealizado que perde todo o encanto assim que se transforma em presente. Em geral, sofremos porque queremos algo que não temos. Pode ser uma relação, por exemplo. Assim que conseguimos preencher essa lacuna, começamos a sofrer porque temos medo de perdê-la. Mais adiante, como se fosse arrependimento, pode surgir de novo o sofrimento, pois aquela relação que parecia tão espetacular, afinal, era um "bem que veio pra mal". Por fim, sofremos porque queremos livrar-nos daquela pessoa e não sabemos como. Aos olhos da filosofia budista, conseguimos então ver que todo o sucesso aparente pode ser, no fim das contas, uma fonte de infelicidade.

Para facilitar a interpretação dessa abordagem, Buda decidiu resumi-la em quatro pilares fundamentais, aos quais chamou "As Quatro Nobres Verdades". A primeira nos diz que a vida é sinônimo de insatisfação. Basta olharmos à nossa volta e não vão faltar exemplos da insaciabilidade humana. Nunca chega, é preciso sempre mais e mais. Com a segunda, vem a causa dessa necessidade constante de algo: o desejo. Tudo que ambicionamos é porque julgamos que precisamos. No terceiro pilar, começa a desvendar-se a solução desse labirinto. Para deixarmos de nos sentir insatisfeitos, precisamos aprender a deixar de desejar. Por fim, para que tudo isso seja sustentável, a quarta verdade recomenda-nos que sigamos o "caminho do meio". Ou seja, uma postura perante a vida baseada na moderação e na harmonia, sem cair em extremos.

Além disso, temos de aprender a desapegar-nos não só do que temos, como daquilo que desejamos vir a possuir. Nada dura para sempre. Nem eu, nem você. Todas as experiências são impermanentes: as ideias, as vontades, os pensamentos — tudo muda. Cabe-nos largar o que é transitório, o que não depende de nós, o que age de livre e espontânea vontade. Nada nos pertence, tudo é emprestado. O corpo que temos, um dia, desaparecerá. As amizades que construímos hão de acabar. O patrimônio que acumulamos vai degradar-se. A efemeridade está presente em cada aspecto da vida. Se assim é, para que perder tempo sofrendo com o óbvio? Por mais apetecível e inevitável que seja a lamentação, todos sabemos que não vale a pena alimentar algo que não queremos ver crescer.

Somos responsáveis pela ilusão que criamos. A experiência vai sempre depender da perspectiva que escolhemos e das expectativas que estabelecemos. Apesar de rimar, quantidade não é felicidade. A verdadeira riqueza não vem do aumento da conta bancária, mas de não precisarmos que ela cresça. Se por acaso crescer, ótimo. O que não podemos é ficar esperando ser felizes apenas quando a quantia aumentar. Pois, no dia em que isso acontecer, vamos desejar mais um pouco. Tal como a felicidade, também a tristeza é um estado de espírito. E parte da mente e das interpretações que ela faz através dos cinco sentidos. Ao eliminar os preconceitos mentais, abrimos espaço para a escolha. É preciso optar pelo sentimento que mais serve aos nossos interesses, em detrimento de um diálogo interno negativo que mingua a esperança de uma existência melhor. A vida nos faz perguntas na forma de desafios, e cabe-nos tentar responder da melhor maneira que pudermos, em vez de tentarmos mudar a interrogação.

Faça o seguinte exercício: experimente observar tudo que você quer neste momento. Alinhe cada objetivo de que você julga depender para ser feliz. Essas vontades são verdadeiramente suas ou são uma construção mental, uma ilusão, para justificar por que você não sente satisfação com aquilo que tem agora? Lembre-se também de todas as metas antigas que você atingiu com sucesso. Quantas trouxeram um bem-estar e uma felicidade perenes, sem prazo de validade? Regresse à raiz de cada desejo e verifique sua origem. Seja ela qual for, aceite-a. Não se culpe por desejar algo. Mal ou bem, todos fazemos a mesma coisa. A grande diferença está em não sermos dependentes do que desejamos. Se acontecer, era porque tinha de ser. Sem pressa. Mais vale um pássaro na mão que dois voando.

DEIXA EU TE FALAR:

Aprenda a contentar-se com pouco
Para que, quando tiver muito,
Não acabe rápido demais.

"ESTAVA NA CARA"

> *Se não conheço os mapas, escolho o imprevisto:*
> *qualquer sinal é um bom presságio.*
>
> LYA LUFT

Há expressões que muito dificilmente aceitamos como algo construtivo, até porque na maioria das vezes não é esse o objetivo de quem as diz. Nunca cai bem um "bem-feito" naquele instante em que ainda estamos sentindo as consequências do erro. O famoso "você não muda nunca", que até podia servir de reconhecimento à nossa coerência, mas que normalmente é utilizado para dar ênfase a algum defeito. E, por fim, uma daquelas que mais se ouvem em tom de falsa profecia: "Estava na cara".

Ainda não descobri onde posso me inscrever no curso de oráculo, mas gostaria de saber. Existe uma legião de espectadores sempre com o futuro na ponta da língua. Sem bola de cristal, cartas ou búzios, são capazes de antever aquilo que vai acontecer com uma exatidão de fazer inveja a muitos adivinhos. Só existe um pequeno, quase insignificante, problema. Por norma, só confirmam o desfecho de uma situação no seu final. É o caso de dizermos: "Assim, até eu".

Quem nos rodeia e emite opiniões não solicitadas acaba sendo irrelevante para a nossa vida. Vai sempre existir um monte de comentadores loucos para opinar sobre o que fazemos e o que deixamos de fazer. É lidar com isso, aceitar e não dar grande importância. O que realmente deve nos preocupar é aquilo que estamos de fato vendo que vai acontecer, mas optamos por ignorar. Os sinais, por menos evidentes que sejam, estão em toda parte. Ignorá-los ou dar-lhes atenção é uma escolha inteiramente nossa.

Inúmeras vezes me fiz de cego para tentar encobrir as evidências. Não queria acreditar que as coisas não iam acontecer como eu tinha idealizado, e preferia levantar o tapete e empurrar o óbvio para debaixo dele. Vivi experiências profissionais e, quase desde o primeiro dia, sabia que não era por ali. No entanto, decidi continuar até ter 200% de certeza. Tive relações que arrastei no tempo sem necessidade. Tomei decisões que o meu corpo gritava para que eu não tomasse, porque achava que tinha de ser. A quantas coisas nos sujeitamos e eram perfeitamente evitáveis? Tantas. Era previsto, e nós escolhemos tapar os olhos.

No final, quando o desfecho que antevíamos se manifesta e as peças se encaixam, tudo se torna mais claro. É nesse momento que percebemos que a nossa intuição merece a presunção de inocência. "Eu já sabia", exclamamos nós, meio arrependidos por não termos confiado nela. A verdade é que há coisas que não se explicam. Não por não terem justificativa, mas porque os sentidos podem se mostrar insuficientes para perceber o porquê. Com o tempo, vamos recorrendo às experiências passadas e à maturidade para tomar decisões mais acertadas. A neblina dos receios e a turvação das emoções clareiam, dando lugar a uma confiança mais do que justificada. Ainda assim, corremos sempre o risco de nos agarrar demasiadamente a padrões fixos, como se fossem fórmulas para decidir de forma correta. É preciso ter atenção a isso. Se há uma coisa que o ano de 2020 nos ensinou é que tudo pode acontecer e nada é garantido.

Em curto prazo, é sempre mais tentador fazer vista grossa. Para que levantar problemas se aparentemente está tudo bem? Tanto pode ser no nosso dia a dia como nas questões ambientais. Deixamos acontecer, na ilusão de que os problemas se resolvem sozinhos e que, se não os olharmos, talvez até desapareçam. Mas a verdade é que, quase sempre, continuam lá e acabam se transformando numa bola de neve. E eis que chega o dia em que o nosso tapete mais parece uma pirâmide, tanta é a poeira que acumulamos. Nesse momento, sobra pouco tempo para decidir e a solução acaba por ser, tantas vezes, abrupta e intempestiva. Havia muito a janela de oportunidade para resolvê-los com calma se fechara. Não deixa de ser irônico o fato de esses desfechos repentinos acabarem trazendo ainda mais problemas. Corremos o risco de mergulhar num círculo vicioso e acabamos vestindo a carapuça do "isso só acontece comigo". Ponderação é o que se pede. Nem ser impulsivo e sair da experiência antes do tempo, nem testar os seus limites até a exaustão.

"Isso é tudo muito bonito, mas...", alguns leitores devem estar pensando. Eu ajudo. Isso é tudo muito bonito, mas requer tempo, vontade e muita paciência. Já é hora de não sermos tão duros conosco. É saudável querer aprender e evoluir. Aquilo que pode ter o efeito exatamente contrário é exigirmos que esse desenvolvimento seja instantâneo. Calma. Errar é humano. Com maior ou menor destreza, qualquer um de nós é capaz de cometer um erro. Isso é fácil. O que realmente faz toda diferença é a forma como acolhemos esse percalço. Vou me martirizar e culpar, ou vou me perdoar e aprender? Dois caminhos, uma decisão. Tome a sua.

DEIXA EU TE FALAR:

Em caso de dúvida,
Não ignore os sinais.

QUEM NOS ENSINA A SOFRER?

> *O ser humano não pode fazer-se sem sofrer,*
> *pois é ao mesmo tempo o mármore e o escultor.*
>
> **ALEXIS CARREL**

Além do fato de sermos diferentes, todos temos algo mais em comum: o sofrimento. Viver dói. Não importa o contexto em que nascemos, mais tarde ou mais cedo a dor acaba por nos atingir. Pouco importa se ela é física ou psicológica. Em algum momento, vamos nos magoar e sentir emoções negativas. Nesse aspecto, não temos grande poder de voto. No entanto, a forma como escolhemos depurar essa experiência é o que pode fazer toda diferença.

Remontando aos meus tempos de adolescência, lembro que nos muniam de variadíssimos conselhos para evitar que nos magoássemos, em vez de nos ensinarem a lidar com esse sofrimento. Aprendíamos a esquivar-nos das chatices — ou pelo menos a tentar. Ninguém nos ensinou o que fazer depois que a tristeza se instala. Na melhor das hipóteses, ouvíamos um pouco convincente "não se preocupe, o tempo cura tudo".

A areia deslizava na ampulheta e, enquanto a ferida não cicatrizava, não sabíamos o que fazer com aquela mágoa. Ela ia conosco para todo lado, até mesmo para o sono. Mas, e porque a nossa biologia assim ordena, instintivamente encontrávamos uma fuga. Era como se os jogos, o tabaco ou o álcool fossem a mais fácil das soluções. Caíamos na ilusão de que era possível resolver o que sentíamos sem termos de nos encarar. Com o tempo, acabamos por perceber que não é possível colher os frutos do que não cultivamos.

Dentro da vasta obra do mestre *zen* Thich Nhat Hanh, é possível encontrar um ensaio sobre a arte de sofrer. Como em qualquer outra técnica, temos de praticá-la e de nos predispor a encarar a dor como qualquer outra certeza da vida. E esse é precisamente o primeiro ponto do seu ensinamento: aceitar a tristeza e compreender a sua origem. Assim que procuramos nos acalmar, ficamos mais capacitados para olhar para a ferida como algo passageiro e não como a definição de quem realmente somos.

Logo em seguida, ele recomenda que evitemos ser atingidos uma segunda vez. A primeira foi o acontecimento que precipitou a dor; a seguinte será o medo de não conseguirmos superá-la. Ou porque imaginamos que a situação é bem pior do que na verdade é, ou porque simplesmente não aceitamos que aquilo está acontecendo conosco, algo normalmente verbalizado com um: "Por que eu?" Pode também entrar aqui a frustração de uma expectativa não cumprida ou o arrependimento por não termos agido a tempo. Pouco importa. O que de fato interessa é observar a emoção por aquilo que ela é, sem exagerá-la ou amplificá-la com outras preocupações.

Thich Nhat Hanh alerta-nos também para o sofrimento que não é verdadeiramente nosso. Por vezes, vemo-nos preocupados e angustiados sem saber bem por quê. Como a sensação é muito real, acabamos adotando aquela dor como nossa. É de extrema importância revisitar as origens desse desconforto.

De onde vem ele, afinal? Foi-nos transmitido pelos nossos pais? Pela sociedade? Pelos meios de comunicação? Nem todos os problemas são realmente nossos; muitos foram herdados de forma inconsciente. Assim que fazemos essa distinção, ficamos com mais energia para enfocar as questões que dependem verdadeiramente de nós. Como sabemos, nada nem ninguém sobrevive sem alimento. Isso tanto se aplica ao amor e à amizade como ao sofrimento e à tristeza. Tudo que permanece na nossa vida o faz porque, além de lhe termos aberto a porta, ainda o estamos alimentando. Não somos apenas aquilo que comemos: somos também aquilo que escolhemos sentir. Ao reajustarmos nossos hábitos, nosso comportamento e nosso discurso, matamos a dor de fome. Sem fonte de alimentação, ela vai morrendo aos poucos. Mais tarde, se transformará no adubo que fertiliza o nosso terreno interior, onde há espaço para que cresçam a paz e a felicidade.

Assim como não há descanso sem que antes haja fadiga, também o sofrimento pode nos trazer algo de positivo. Apesar de evitarmos a dor a todo custo, a verdade é que ela pode ser uma tremenda fonte de sabedoria, humildade e compaixão. Só sente o prazer de se reerguer quem antes sentiu o chão de perto.

Tudo faz parte de um equilíbrio cósmico invisível aos olhos, mas perfeitamente "enxergável" pela nossa alma. Não é simples, muito menos imediato, mas é possível. Essa é a nossa sala de aula. Sem paredes nem quadro, apenas matéria. Onde aprender a sofrer é tão importante como saber sorrir.

DEIXA EU TE FALAR:

Se tiver de ser
Deixa doer.

NÃO HÁ DE SER NADA

> *Quem vive no medo precisa de um mundo pequeno,*
> *um mundo que pode controlar.*
>
> **MIA COUTO**

Desde criança vou ao Algarve[2] pelo menos uma vez por ano. Raramente falho. Esse ritual me foi incutido pelos meus pais e, entretanto, a paixão pelo sul instalou-se. Durante as férias, eles tiveram também a generosidade de me transmitir outro excelente hábito: o peixe grelhado. Lembro-me das vezes em que me apetecia pedir um filé com fritas ou um hambúrguer, como qualquer outro adolescente, e estar "proibido" de fazê-lo. Eu tinha o ano inteiro para comer "essas coisas", diziam eles. Era importante aprender a dar valor aos produtos locais e sazonais, sem falar das questões de saúde. Não se trata apenas de comida, mas de uma tradição, de um cenário que abrange muito mais do que a simples eliminação do apetite. Uma dose de sardinhas bem assadas, depois de uma manhã de praia e ainda com o sal na pele, é impagável.

Nessa senda de provar novos peixes em diferentes restaurantes, sempre me preparei tanto para ser agradavelmente sur-

---

2. Região turística mais importante de Portugal, localizada bem ao sul do país. [N. E]

preendido, como para terminar a refeição profundamente desiludido. Não é por ser típico da região que é sempre bom. Enfim, não se acerta sempre — faz parte. No entanto, houve um almoço em que o preço a pagar foi alto demais. E não, não estou me referindo à habitual "continha" que insistimos em pedir acompanhada de um rabisco no ar. Graças a uma dourada que não estava em boas condições, contraí uma forte intoxicação alimentar e fiquei com o estômago completamente arrasado. Creio que quase todo mundo já passou por algo semelhante. Ainda assim, quando acontece com um dos nossos pratos favoritos, a mágoa é sempre maior.

Felizmente, acabei por me recuperar e não fiquei com nenhuma sequela, pelo menos física. No que toca à parte psicológica, instalou-se um medo de voltar a passar por uma situação daquelas. O instinto de sobrevivência ordenou-me que nunca mais comesse peixe grelhado. Normalmente, para grandes males, temos sempre a ideia de que o remédio deve acompanhar a dimensão do problema. Nos primeiros tempos, foi extremamente fácil evitar aquele prato. O mal-estar provocado ainda estava bastante fresco na memória, o que inclusive me fazia perder o apetite. No verão seguinte, surgiu a oportunidade de regressar ao Algarve — e foi aí que a saudade bateu no estômago. Fiquei dividido: o lado emocional dizia-me para sacudir a poeira e entrar no restaurante, enquanto a esfera racional emitia alertas. Eu poderia ter ido pelo caminho mais seguro para não correr um risco teoricamente desnecessário. No entanto, recorri ao otimismo e, como qualquer bom português, antes de arriscar, pensei: "Não há de ser nada". Imbuído dessa coragem frágil, lá fui eu. A cada nova garfada, o medo de que acontecesse algo ia diminuindo. E como há males que também vêm sós, correu tudo bem e, até hoje, nunca mais sofri com intoxicações alimentares.

A história inofensiva da dourada, aparentemente sem grande relevância, ajudou-me a chegar a conclusões mais profundas. Após uma "intoxicação" amorosa, deixei de acreditar nas relações. Fechei-me, isolei-me e não permiti que nenhuma mulher se aproximasse. Julgava-me forte e audaz, mas, na verdade, tinha medo, muito medo. As desilusões profundas têm essa capacidade de mexer com as nossas crenças. Namorar tornou-se sinônimo de sofrer. Transferi aquela experiência negativa para as possíveis namoradas que surgissem no futuro. Era como se quem havia me magoado carregasse uma bandeira. Esse estandarte representava todas as mulheres e revelava as suas ameaças ao meu coração. É engraçado como o medo tem o poder de nos levar a acreditar que determinada situação vai se repetir quando nada nos garante que isso possa voltar a acontecer. Se nos distraímos, já começamos a generalizar. Deduzimos que vai haver uma segunda dose, só porque aconteceu uma vez. Essa ideia é fortemente alimentada pela imaginação. Os receios não existem para nos impedir de viver, ao contrário. Quando devidamente transformados, podem ter precisamente o efeito oposto. No caso do peixe grelhado, aprendi a lição. Sou mais criterioso e já não como só porque sim. Leio as críticas ao restaurante, tento ir a lugares recomendados por amigos e faço-me valer daquilo que a intuição me diz. Na verdade, até melhorei o meu nível de qualidade. Há mais experiências positivas do que as que desiludem. Podemos ser cautelosos sem deixar de viver.

Tive de reaprender a amar e a perceber que não é possível sofrer por amor. Aquilo que nos magoa é a rejeição, a violência e a indiferença. O amor não dói. A falta dele é que é dolorosa. Não devemos deixar de nos entregar porque fomos devolvidos em pior estado, pois é a partir daí que fechamos o coração e acreditamos com todas as forças que aquela é a decisão mais acertada.

Começamos a reger as decisões com base no medo, vemos escuridão em tudo que é lugar. Se alguém atiçar os nossos traumas, então, o melhor é evitar. Como um caracol que não hesita em recolher-se assim que detecta um movimento estranho. Mas não é porque passamos por uma situação ruim que todas serão assim, e os desafios vão sempre existir. Não podemos esquecer disto: cair e levantar não é o mesmo que cair e rastejar. Quem vive em pé vê melhor toda a vida que ainda tem à sua frente.

Encolhemos o mundo ao máximo, de forma que possa ser controlado. Deixamos pouco espaço para a surpresa, o inesperado e o incrível. As cicatrizes não mostram apenas que nos magoamos: também revelam o que fomos capazes de superar. O passado nos marcou, o que em nada nos impede de abraçar o futuro. Leve o tempo que levar, com a ajuda de quem for necessário, mas, acima de tudo, com a nossa intenção de nos curarmos. Apesar de serem contextos diferentes, todos passamos pelo mesmo. Ninguém atravessa a vida ileso. É impossível. Talvez ajude deixarmos de lado essa expectativa de uma existência perfeita e imaculada. Substituir os fracassos por tentativas e os erros por sabedoria. Precisamos aprender a ser oportunistas no verdadeiro sentido da palavra. Tirar partido das tristezas, dos tombos e das desilusões. Chegar à conclusão de que nunca é o fim do mundo ou não estaríamos aqui falando um com o outro. Mesmo que a vida diga o contrário, sempre vale a pena amar.

DEIXA EU TE FALAR:

Um passado de merda
Pode ser um excelente
Adubo para o futuro.

O QUE ESTOU FAZENDO AQUI?

> *Quem carrega uma lanterna*
> *não precisa ter medo do escuro.*
>
> **PROVÉRBIO JUDAICO**

Sempre me assustou a ideia de uma vida sem propósito ou significado. Nunca quis aceitar que a vida era "só" isso. Viver para trabalhar, pagar contas e, a certa altura, ter um punhado de momentos felizes me parecia pouco. Questiono-me bastante sobre o milagre que é a nossa existência. A quantidade de fatores que tiveram de coincidir para que pudéssemos estar aqui, neste planeta e com estas condições. É impossível, por exemplo, não ficar fascinado cada vez que penso no corpo humano. Respiramos, fazemos a digestão e saramos feridas sem precisar tomar decisões, sem esforço — simplesmente acontece. Tudo é orgânico e espontâneo, o que abre espaço e tempo para que possamos dedicar-nos à evolução do espírito. O ser humano é perfeito e tenho pena de não nos lembrarmos disso mais vezes. Já somos tudo aquilo de que precisamos, basta que procuremos ser quem somos.

Essa paixão pela experiência material aqui na Terra criou em mim um mecanismo de defesa que só mais tarde consegui enxergar. Principalmente no período dos 20 aos 30 anos, deixei-me levar pelo medo de não estar vivendo como deveria. Respirava em mim uma estranha sensação de que podia, e devia, fazer mais e melhor. Tinha medo de não explorar o meu potencial, aquilo que tinha vindo fazer ao mundo. Cheguei a sentir-me culpado por não saber para onde ir, o que fazer e como ser. Sempre soube que ninguém nasce sabendo, mas também não me sentia preparado para demorar tanto tempo a aprender.

O desconforto que me perseguia tornou-se mais evidente quando entrei no mercado de trabalho. Passei os vinte anos anteriores me preparando para chegar ali, daí as expectativas serem tão elevadas. Havia até uma estranha fantasia coletiva de que o início da vida profissional garantidamente coincidiria com a felicidade. Agora sou útil, ganho dinheiro e até me tratam por engenheiro. O que poderia dar errado? Quase tudo. Naquela altura, eu não tinha consciência de quão importante era para mim sentir-me livre. Acredito que isso seja comum a todas as pessoas, mas a verdade é que é mais relevante para umas do que para outras. No meu caso, ser obrigado a ir diariamente a um lugar onde não queria estar, conviver com pessoas que não me diziam grande coisa, permanecer horas fechado no mesmo local e andar às voltas com *e-mails*, PowerPoint e Excel não me parecia algo sustentável e muito menos saudável. Escolhi um caminho que não era meu e isso começou a manifestar-se com o desenvolvimento de uma patologia psicológica.

Passei a sofrer de Fomo (*fear of missing out*), que, traduzindo literalmente, é nada mais, nada menos que o medo de estar perdendo algo. Naquela altura, não sabia que era assim que se chamava. Faz pouco tempo que cruzei com esse termo e logo o associei ao que vivi. Não havia um único dia em que eu não sentisse estar deixando algo passar. Fosse um mundo a descobrir, um propósito a cumprir ou novas aprendizagens que me preenchessem a alma. A sensação de estar aquém de quem podemos ser é terrível. Quase como um jogador de futebol que tem tudo para ser um excelente atacante, mas acaba sendo colocado no gol. Ele pode se equipar, calçar as luvas e até fazer algumas defesas, mas seus olhos e seu coração vão estar sempre postos lá à frente, onde sente que é o seu lugar. Sente-se perdendo a oportunidade de ser quem de fato é.

A constante insatisfação — e até revolta — com a forma como a vida profissional está estruturada foi um excelente combustível para que eu nunca cruzasse os braços. Sentia que podia e merecia fazer algo diferente. Não sabia bem o que, mas ia descobrir. Sentia-me responsável por mim e por todas as atitudes que precisava tomar. Se eu ficasse esperando que o mundo mudasse por minha causa, ainda hoje estaria tudo na mesma. Ainda assim, essa inquietação extenuante não trouxe apenas vantagens. O peso da responsabilidade levou-me algumas vezes ao fundo. Perante a falta de alternativas, o excesso de energia teria de sair por algum lado. Descarreguei em mim e em quem me era próximo. Queria ir à luta sem saber onde ficava o campo de batalha ou quem era o inimigo. Não mudaria nada do que vivi, pois, se tivesse sido diferente, eu não estaria escrevendo estas palavras agora. Ainda assim, tenho a perfeita consciência de que o processo podia ter sido bem mais suave e menos frustrante.

O medo do vazio e de uma vida sem significado não deve nos impedir de tirar o melhor partido da situação em que estamos. Quando a ambição serve para enaltecer o futuro à custa da exclusão do presente, a única coisa que vamos conseguir é não aproveitá-lo. Aceitar onde estamos e o que temos é o que nos permite ver além das limitações, clarear o turbilhão de dúvidas e colher todas as lições que estejam à mão. Não precisamos nos exaltar para rebaixar o conformismo. Existe uma ordem secreta para que as coisas aconteçam. Se agora estamos aqui, é porque precisamos estar aqui. As pessoas que fazem parte da nossa vida também têm um papel a cumprir, seja o principal ou um secundário. Nossa incapacidade de vislumbrar um motivo não retira sua razão de ser.

DEIXA EU TE FALAR:

Os vazios
Também podem
Nos preencher

HOJE É
UM BOM DIA
PARA

Acreditar

Acreditar que tudo pode mudar (para melhor).

Acreditar que já sou tudo de que preciso.

Acreditar que a vida sabe o que faz.

HOJE É UM BOM DIA PARA

Sorrir

Sorrir para o espelho.

Sorrir para o desconhecido.

Sorrir para a vida.

NÃO HÁ PRESSA

> *Uma das grandes desvantagens de termos pressa é o tempo que isso nos faz perder.*
> GILBERT CHESTERTON

O **Filipe e a** Cátia me ensinaram uma das mais bonitas provas de amor. Conheci-os durante uma palestra, enquanto autografava alguns exemplares do meu livro. Estavam radiantes pela conclusão a que chegaram e viram em mim um mensageiro da sabedoria que adquiriram. Perguntaram se eu estava interessado em ouvir sua história e eu, um oportunista sempre em busca de inspiração, respondi afirmativamente. Na ocasião, estavam casados havia sete anos, depois de um estágio com o dobro desse tempo num namoro feliz e saudável. Nem tudo foram rosas, obviamente; no entanto, conseguiram criar um jardim bonito o bastante para chegarem até ali, sorridentes e com vontade de receber o futuro.

Foram fiéis à tradição. Coube ao Filipe pedir a Cátia em casamento. Embora a resposta parecesse evidente, o pedido não foi aceito naquele preciso momento. Aquela hesitação me intrigou e prendeu ainda mais a minha atenção. Ele confessou que também foi apanhado de surpresa, pois tinha a expectativa de um "sim" sem pestanejos. Entre risos de cumplicidade,

Cátia contou que a ideia lhe agradou, mas que precisava digerir a decisão. À primeira vista, aos olhos de um amor desvirtuado pela sociedade, seria fácil adivinhar o trágico desfecho daquela indecisão. Porém, antes de precipitar um comportamento impulsivo e reativo, Filipe conseguiu distanciar-se e manter a serenidade. A lucidez o presenteou com lembranças de algumas decisões que tinham tomado como casal. Já no princípio, antes de começarem a namorar, também foi preciso um tempo até que a Cátia se deixasse levar pelo pedido de namoro. Quando surgiu a ideia de viverem juntos e, mais tarde, de terem um cachorro, aconteceu exatamente o mesmo. Apesar da defasagem temporal, ambos sempre quiseram o mesmo. O mais importante sempre foi o respeito. Respeito pelo tempo do outro, para que as decisões pudessem ser tomadas em paz. Foi esse espaço e essa compreensão que os levou até mim, juntos e de sorriso cúmplice.

"Manuel, cada pessoa tem o seu tempo e não há mal nenhum nisso." Foi este o mantra com que se despediram de mim.

É curioso como somos educados a fazer precisamente o contrário. Temos de pensar rápido, decidir depressa e hesitar o menos possível. Ao mínimo vacilo na hora de escolher, somos imediatamente rotulados de indecisos, incertos e confusos. Podemos até transmitir a ideia de que não queremos tanto assim, como se não fosse saudável ter dúvidas. Quem inventou que é obrigatório ter a certeza na ponta da língua? Provavelmente algum Filipe, alguém que não necessitava desse compasso de espera. O encontro com aquele casal simpático me remeteu à minha experiência pessoal. A memória me transportou de imediato para a meninice, quando ia comprar roupa. Vejo-me no provador, experimentando algumas peças, sob o olhar opinativo da minha mãe. Vestia, despia, pedia outro tamanho, via-me de frente, de perfil e de costas. Queria ter certeza de que levava a melhor camiseta do mundo. Não sabia se me caía bem, se os colegas da escola iam gostar ou se era confortável. Depois de esgotar a paciência da minha mãe, via-me entre a pressa e a parede do provador. Cheguei a comprar roupas de que não gostava tanto assim, só porque tinha de decidir naquele momento.

Logicamente, não havia possibilidade de ficar na loja até decidir de qual gostava mais, mas havia sempre a possibilidade de dizer "não sei" e de sair de lá sem sacolas.

Iludimo-nos com a ideia de que ser assertivo implica fazer escolhas depressa, no tempo que nos é exigido. Obrigamos os jovens, por exemplo, a escolher o curso universitário assim que terminam o ensino médio, como se fosse possível garantir que todos tivessem essa certeza ao mesmo tempo. Existem ritmos distintos que devem ser respeitados. Não podemos aplaudir alguém por saber o que quer estudar desde os 12 anos e recriminar o colega apenas porque ele tem dúvidas. Existe um enorme preconceito em torno do "ficar para trás". Esse receio pode ser facilmente desconstruído. Qualquer adolescente pode escolher uma licenciatura às pressas e fazer a vontade daqueles que o rodeiam. No entanto, e muito provavelmente, ao fim de dois ou três anos vai querer mudar de curso e começar de novo. Caso não o faça, essa decisão mal tomada acabará por apanhá-lo a certa altura da vida adulta. É aí que percebemos que não é assim tão ruim perder um trem que não é o nosso, ao contrário.

Aproveitar a vida não implica viver depressa. Da mesma forma que a rapidez na escolha não nos torna detentores de um atributo especial. Respeite o seu ritmo, leve o tempo que precisar e não se deixe pressionar. Registre sempre a primeira sensação quando o estímulo surgir, seja para trocar de emprego ou para responder a um pedido de namoro, por exemplo. Não pense demais; apenas afaste-se e deixe que a resposta chegue à superfície. Assim que ela emergir, talvez você não tenha todas as certezas do mundo, mas pelo menos terá a clarividência necessária para decidir em paz.

DEIXA EU TE FALAR:

Deixe para amanhã
Aquilo que não deve
Decidir hoje.

VOLTAR ATRÁS

> *Todos os seres humanos têm medo. Quem não tem medo não é normal; isso nada tem que ver com a coragem.*
>
> JEAN-PAUL SARTRE

Quantas coisas boas deixamos de viver por medo? Nunca saberemos. Só é permitido conhecer as experiências maravilhosas que vivemos porque escolhemos enfrentar esse mesmo medo. Por vezes, o magnetismo da curiosidade puxa-nos de tal maneira que, numa fração de segundo, os receios se dissipam. Não por uma questão de coragem ou ousadia, mas porque sentimos a vida chamando nosso nome. Chegou a vez de vivermos algo. Algo que não sabemos aonde vai nos levar. Um salto evolutivo à espera de nos ver tomar impulso. Assim que colocamos a hipótese de que algo dê errado, entra a intuição de rompante e, antes de bater a porta, grita-nos baixinho que devemos continuar. E nós continuamos. De mãos dadas com o receio e com a incerteza, até que a descoberta nos separe.

Eu tinha 21 anos quando cheguei a essa conclusão. Até aquele ano de 2010, a vida ainda não tinha proporcionado nenhum momento que me colocasse verdadeiramente à prova. Mas estou me adiantando. Para fazer sentido, essa história tem de começar antes. Preciso voltar ao dia em que, finalmente, atingi a maioridade e estava prestes a entrar na faculdade. A vida universitária era vista como os melhores anos da existência de qualquer pessoa. A última oportunidade de aproveitarmos a vida antes de vestirmos um terno e deixarmos de ter tempo. Muito crescidos para sermos crianças e muito infantis para sermos adultos — o limbo perfeito. As maiores referências vinham de filmes como *American Pie*, no qual um grupo de amigos norte-americanos aparentava aproveitar a vida ao máximo no meio de inúmeras peripécias, alguns romances e vários disparates. Do outro lado do Atlântico, também queríamos provar um pouco daquela euforia toda.

Ainda assim, no meu caso, a cereja no topo desta *pie* era outra. Todas as festas, jantares, bailes e cortejos só podiam ser suplantados por uma coisa: o Erasmus. Esse programa de intercâmbio, lançado no ano de 1987, já chamava por mim antes que eu soubesse o resultado dos vestibulares. Para um jovem que nunca tinha saído de Portugal por mais de quinze dias, de repente ter a oportunidade de estudar seis meses em outro país parecia algo de outro mundo. Essa possibilidade me fascinava, quase como se fossem os meus próprios Descobrimentos. Apesar de ser uma realidade com mais de vinte anos, a burocracia para inscrever-me era interminável. Nunca cheguei a entender se precisavam mesmo de toda aquela informação ou se estavam apenas testando quanto eu queria aquilo. Logo eu, que raramente faço planos, dei por mim a me preparar para algo que só aconteceria no ano seguinte. O processo é suficientemente longo para que as expectativas cresçam de tal forma que quase não cabem na mala. Dessas etapas todas, aquela de que me recordo com maior nitidez foi a escolha do país de destino. Eram tantas as hipóteses como as dúvidas. Um mapa de possibilidades no qual eu tomava consciência do impacto da minha decisão. Ao escolher um país, deixaria de lado tudo que os outros tinham a oferecer. Uma encruzilhada com mais do que uma esquerda ou uma direita. Havia várias opções, e ficar parado não era uma delas. Sem grandes critérios de decisão, adotei a sempre segura "exclusão de partes". A Espanha ficava muito perto e eu não tinha grande interesse em praticar o portunhol. França, Alemanha e Reino Unido não aparentavam ser fáceis para alguém que procurava mais do que estudar. Os países nórdicos, além do clima agreste, eram substancialmente mais caros do que Portugal. À medida que eu me aproximava da Rússia, comecei a analisar os países mais a leste. Eu nunca tinha visitado nenhum deles; portanto, na minha cabeça ignorante, Eslovênia, Croácia, República Tcheca, Sérvia ou Polônia eram a mesma coisa. No entanto, tinham um fator bastante apelativo: o custo de vida. Quem é que gosta de perder a oportunidade de se sentir abastado? Ninguém. Estive quase a ponto escolher um país ao acaso. Fosse para onde fosse, eu queria era ir. Isso até reparar num território que fazia fronteira com cinco países: a Eslováquia.

Não conhecia ninguém que tivesse visitado esse herdeiro da antiga Tchecoslováquia. Esse misto de exotismo e algum mistério fizeram que Bratislava ocupasse a primeira posição da candidatura. Como devem imaginar, assim que revelei o destino aos meus pais, cada traço do seu rosto franziu-se. Se a Eslováquia para mim já era algo estranho, imaginem para eles. Pouco importa. A decisão estava tomada e a passagem de avião, comprada. Só me restava iniciar a contagem regressiva.

Pela primeira vez, soube o que era despedir-me no aeroporto. Uma sensação estranha para qualquer pessoa, mas sobretudo para um estreante. Estávamos na primeira semana de setembro de 2010 e, se tudo corresse bem, eu só voltaria a pisar em solo lusitano no ano seguinte. Não havia voos diretos de Lisboa para Bratislava, por isso optei por aterrissar em Viena e depois fazer o resto de ônibus, cerca de 80 quilômetros. De repente, algo que eu tanto queria estava finalmente começando, e posso dizer que começou bem. Embora a língua fosse completamente diferente, a Áustria parecia-me um lugar familiar. Muitas luzes, algumas marcas que também existiam em Portugal e modo de vestir parecido. Apressei-me a descobrir onde ficava a rodoviária e quis a pontualidade que já houvesse um ônibus à minha espera. Poderia haver melhor presságio do que esse? Talvez não. Malas no bagageiro, lugar à janela e fones nos ouvidos. Faltava pouco para que eu finalmente conhecesse meu novo lar.

A cegueira da euforia e o deslumbramento da excitação mostraram-me apenas um lado da moeda. Toda aquela ideia de fazer intercâmbio nunca teve pontos negativos. Jamais seria possível pensar numa coisa dessas. A ingenuidade só via vantagens e o desconhecimento era tanto que nem os medos entravam. Eu estava a milhas de adivinhar como ia me sentir. Nunca pensei na possibilidade de não gostar, de não me adaptar e de ter uma má experiência. Julguei que fosse tão fácil que nem valia a pena perder tempo com pormenores. No entanto, esse desleixo involuntário teve uma enorme vantagem: nunca tive dúvidas sobre o que estava fazendo. Pelo menos até passar a fronteira da Áustria com a Eslováquia.

Assim que cheguei ao lado de lá, o brilho civilizacional já não era tanto. As estradas eram piores e as ruas, mais escuras. Tudo isso tornou-se ainda mais evidente quando saí na estação de Bratislava. Pela primeira vez, senti medo. Naquele ambiente sombrio, caminhavam meia dúzia de pessoas muito malvestidas, arrastando os pés e olhando para baixo, como se estivessem à procura de algo. Meu instinto de sobrevivência dizia-me para fugir dali e voltar atrás, enquanto a razão me pedia calma e serenidade. No meio de placas com palavras estranhas e sem os dados móveis que temos hoje em dia no celular, consegui identificar o ícone de um táxi. Percorri aquele corredor o mais depressa que pude, mas sem correr, para não dar muito na vista.

Assim que cheguei à praça de táxis, carregado de malas até os olhos, fui interpelado por três motoristas que pareciam saídos da antiga União Soviética. Perdoem-me os preconceitos, mas nunca tinha visto nada assim. Só falavam eslovaco e russo, nada mais. Peguei um papel que tinha no bolso com o nome da universidade e o respectivo alojamento. Um deles respondeu com um polegar estendido e abriu-me a porta para entrar. Na falta de melhores opções, lá fui eu.

A viagem de táxi até o alojamento foi uma das mais longas da minha vida, não pela distância, mas pelo pavor que começava a entupir-me os nervos. Não havia GPS, nem um cheirinho de desodorizador, apenas um carro antigo, um motorista mais calado que um espectador de cinema e um rádio do qual saíam palavras estranhas. Esse cenário deu asas à minha imaginação. E se aquela pessoa estivesse me levando para outro lugar? E se me machucasse? E se me roubasse a bagagem? Enfim, foram inúmeras as suposições. Embora eu não tenha ido a pé, toda aquela paranoia me deixou exaurido. Até que, no meio daquele silêncio todo, vi umas luzes mais à frente e o indicador do motorista apontou naquela direção. Disse algo em eslovaco que, imediatamente, traduzi para: "É aqui, pode descer".

Azar dos azares, quando tentei fazer o *check-in*, meu nome não constava da lista de moradores. Não por falha minha, mas porque fui levado para o local errado. Tanto "paniquei" na viagem que, de alguma forma, meu medo acabou influenciando a orientação do taxista. Quem salvou a situação foi um estudante eslovaco que apareceu e falava inglês (graças a Deus!). Ajudou a chamar outro táxi e, em menos de dez minutos, eu estava no dormitório certo. Sempre com o auxílio de uma linguagem gestual malfeita, explicaram-me onde ficava o refeitório, a cozinha e o meu quarto. Instalei-me, fiz a cama rapidamente e me deitei, tentando digerir tudo que acontecera. Como é possível algo que há nem 24 horas era perfeito começar assim? Será que eu devia ter dado ouvidos aos meus pais? Onde eu estava com a cabeça quando escrevi "Bratislava" no formulário? Afinal, o Erasmus não era assim tão espetacular.

Cada vez que eu lembrava que ficaria seis meses, em vez de um ano, respirava de alívio. Mas eram muitas diferenças para assimilar em tão pouco tempo, pelo menos para mim. A comida, o clima, as aulas, os colegas e os professores. Tudo era novo e estranho. Na época, não se falava tanto em sair da "zona de conforto", talvez por isso eu não tenha percebido que era normal estar desconfortável. Até para tratar do passe de ônibus foi um parto. Algo que nunca me passara pela cabeça uns meses antes, enquanto me deliciava olhando para o mapa e escolhia o destino do intercâmbio. Uma parte de mim pedia para partir e voltar a Portugal. Afinal, não era assim tão divertido estudar fora, e tudo que falavam sobre isso não passava de fábulas. No entanto, como você pode imaginar, decidi antes dar ouvidos à voz que me dizia para tentar. Talvez por orgulho ou teimosia, não sei, mas a verdade é que fiquei e acabei por viver uma das experiências mais incríveis da minha vida.

À medida que o calendário progredia, a capacidade de adaptação aumentava. Com ela veio a confiança, a diversão e a certeza de que tinha feito a escolha acertada. O Erasmus não era tudo que eu imaginara, era bem melhor! Até mesmo aquele choque inicial foi importante. Um daqueles males que vêm para o bem, mas que só conseguimos perceber mais tarde. O sabor da superação não tem preço. Entretanto, voltei à rodoviária e ela não parecia a mesma. Não porque tinha mudado, mas porque meus olhos já eram outros. Se naquele instante eu tivesse ido embora, aquele lugar nunca teria visto a luz na minha imaginação. Permaneceria eternamente sombrio e com aquelas seis pessoas vagueando.

O filósofo indiano Jiddu Krishnamurti disse que só podemos ter medo daquilo que pensamos saber. Uma espécie de adivinhação, fortemente alimentada pela criatividade que nos faz ver perigos onde eles não existem. É como se trouxéssemos conosco para a vida adulta os monstros que viviam debaixo da cama. Obviamente, esse estado de alerta pode ser bastante útil, mas também tem o poder de evitar que a vida aconteça como tem de acontecer. Por quantos objetivos deixamos de lutar à primeira adversidade? Quantos sonhos não se concretizam só porque temos medo de sair da cama? Grande parte dos artistas sofre de pânico e ansiedade antes de entrar no palco. É através da resistência a esse receio que se apresentam ao público — e, nesse preciso instante, todo o medo se desvanece, abrindo espaço para uma alegria pura e genuína. Nós podemos fazer a mesma coisa. Não pelas palmas da plateia, mas porque o espetáculo da vida não pode acontecer no camarim.

DEIXA EU TE FALAR:

A felicidade pode estar
A um medo de distância.

CARAPAÇA

O cão não ladra por valentia, mas por medo.

PROVÉRBIO CHINÊS

As melhores escolas que frequentei foram, sem dúvida, os diversos locais de trabalho por onde passei. Embora eu tenha sido infeliz durante grande parte do tempo, reconheço até que ponto essas experiências foram fundamentais para quem sou hoje. Por esse motivo, só me resta agradecer as diversas oportunidades de evolução. Lidei com ansiedade, frustração, raiva, amargura, desilusão e estresse. Coisas que, naquela época, pouco ou nada me ensinaram, pois eu estava perto demais delas. Completamente fora da zona de conforto, desestabilizado e prestes a afogar-me numa realidade à qual eu não me sentia integrado. Sempre tive dificuldade para me distanciar e não absorver os disparates que ouvia ou as atitudes deploráveis a que tive de assistir. Sentia a responsabilidade de não virar a cara e fingir estar tudo bem. Era mais forte que eu, muito mais forte. Logicamente, essa atitude teria um custo. A negação e a resistência ao meu contexto serviram essencialmente para abrir ainda mais as feridas que eu já carregava.

Como seria de esperar, as maiores referências que tive foram alguns dos colegas com quem trabalhei. Agradeço-lhes por me terem inspirado e alertado para tudo que eu não queria ser.

Não os julgo nem os culpo. Cada um tem o seu percurso, história de vida e desafios com que lidar. Ainda hoje gosto de acreditar que, à sua maneira, cada um deles fazia o melhor que sabia. Só ainda não consegui entender o padrão de pessoas que trabalhavam diretamente comigo. Em todos os lugares por onde passei, acabava quase sempre ao lado do colega de quem as outras pessoas tinham medo. Eu até achava engraçado, pois antes de começar a trabalhar sempre tentavam me alertar e descrever o bandido que tornaria minha vida um inferno. Nas primeiras vezes, obviamente a inexperiência falou mais alto e era quase impossível não ter preconceito contra aquele personagem. Com o tempo, comecei a perceber essa repetição e até me divertia com a "coincidência".

Para dar uma ideia mais específica, imaginem aquele tipo de pessoa mal-encarada na maior parte dos dias, o famoso carrancudo que confunde falar com gritar e cujo dicionário ainda diz que medo é sinônimo de respeito. Incendiário por convicção, nunca perde uma oportunidade de apontar o dedo e dizer que está tudo errado e só fica bem quando é grosseiro. Sabem aqueles desenhos animados em que, mesmo num dia nublado, uma nuvem cinzenta persegue certos personagens? Era mais ou menos isso. Sei que não corro o risco de estar exagerando, pois é provável que também haja pessoas assim no seu trabalho. Era assim que eu imaginava os meus colegas, muito graças à influência dos palpites de terceiros. A trave ficava tão baixa que eu nem precisava levantar os pés para transpô-la.

À medida que o tempo de convivência aumentava, eu começava a perceber que, afinal, a "fera" não era assim tão feroz; ao contrário. Apesar de sermos bastante diferentes, não posso esconder que sempre houve empatia entre nós. Não sei se é porque os opostos se atraem, mas a verdade é que acabamos virando amigos. Já nessa época eu gostava de observar o comportamento humano e divertia-me tentando desvendar o que estaria por trás de determinadas atitudes. Que circunstâncias formaram aquele caráter? Quantos traumas estavam ali reprimidos? Será que a pessoa gosta verdadeiramente de ser desagradável com os outros?

Apesar de tratarem mal a maioria dos colaboradores, comigo lidavam surpreendentemente bem. A ponto de conseguirmos partilhar nossa vida pessoal e ter conversas até bastante profundas. Ninguém entendia bem como eu era capaz de conquistar o seu respeito. Na verdade, nem eu sabia como aquilo acontecia. Talvez porque tenha entendido que aquilo tudo era uma carapaça, em que a robustez do exterior servia apenas para abrigar um interior frágil, inseguro e vulnerável. Percebi que toda aquela agressividade nas reuniões, no fundo, era medo de ver suas opiniões rejeitadas. Só agride quem sente que está na iminência de ser agredido. Não consigo imaginar a tortura que deve ser estar constantemente na defesa, assustado e com receio de ser magoado.

Essa postura perante o mundo é inteiramente inimiga de um corpo saudável. Não por acaso, todas as pessoas que conheci e eram assim tinham problemas de saúde. É esse o preço a pagar por estar em constante tensão, de dentes cerrados, tentando adivinhar de que lado virá o próximo ataque. Quem magoa para não ser magoado acaba por se magoar. Está preso em si mesmo e nos mecanismos de defesa que, apesar de igualmente frágeis, dão a ilusão de ser eficazes. Viver em constante conflito só nos traz ainda mais sofrimento e nos afasta de tudo que poderíamos estar vivenciando, mas não estamos, porque temos medo.

Essas experiências me ajudaram sobremaneira a desenvolver um sentimento de compaixão por seres humanos com comportamento agressivo. Afinal, a última coisa que necessitam é de ainda mais agressividade. Isso não resolve nada, rigorosamente nada. Experimente começar a olhar para esses homens e mulheres como alguém que está em guerra, vítima das explosões do seu passado e refugiado num corpo que se transformou num *bunker*. Afinal de contas, quem está de bem com a vida não consegue estar de mal com o mundo.

DEIXA EU TE FALAR:

Tetos falsos
Não escondem
Telhados de vidro.

COMPARAÇÃO

Uma flor não se preocupa em competir com as vizinhas — apenas floresce.

ZEN SHIN

Há relativamente pouco tempo, quando eu era criança, havia uma brincadeira que adorava fazer. Esse jogo começou com os dinossauros, criaturas pelas quais eu era completamente fascinado. Entretanto, para ser mais "realista", tive de me adaptar aos animais contemporâneos. Gostava de brincar de fazer comparações acerca do reino animal. Punha-me a imaginar quem seria melhor e mais forte — se o leão ou a baleia. Idealizava um encontro impossível entre ambos e tentava adivinhar um desfecho. Sem contar com o Google, mas recorrendo sempre a livros e revistas, nunca me faltava bicharada. Quando as características de ambos se equiparavam, como acontecia, por exemplo, entre o tubarão e o urso polar, eu recorria a um painel de jurados constituído, quase sempre, pelos meus pais — santa paciência que eles tiveram.

De forma sutil e não consentida, todos fomos invadidos pelo espírito da competição, seriamente alimentado por uma comparação constante e absurda. Encontramos a escapatória perfeita naquilo que o outro é ou tem. No fundo, é a distração ideal para não olharmos para nós próprios. Justificamos os insucessos pessoais com as vitórias alheias. Não nos basta ser bons, precisamos ser os melhores! Será tudo isso insegurança? Talvez. Medo de não ser capaz? Com certeza. Recentemente, li um estudo feito com alunos finalistas da Universidade de Harvard, nos Estados Unidos. Apresentaram-lhes dois cenários salariais e pediram que escolhessem. Na primeira hipótese, o finalista ganharia US$ 160 mil por ano, enquanto os restantes ganhariam apenas US$ 150 mil. Na segunda, o salário subia para US$ 200 mil e os colegas receberiam US$ 220 mil. Qual terá sido a hipótese mais escolhida? A decisão parece óbvia, pois no segundo cenário pagariam US$ 40 mil a mais que no primeiro. No entanto, a verdade é que 87% (!) dos finalistas escolheram a primeira opção. Ou seja, prefeririam ganhar menos, mas mais do que o restante dos colegas. Estamos falando de mentes brilhantes, pelo menos em tese. Muitos deles serão gestores de ponta, pois foi para isso que se prepararam. Ainda assim, a concorrência cega e o medo fazem parte de sua tomada de decisões. Acreditam que, para ganhar, alguém tem de perder. Mesmo que isso, na prática, represente uma perda real no salário.

    Theodore Roosevelt, 26º presidente dos Estados Unidos, afirmou que a comparação nos rouba a alegria. Eu não poderia estar mais de acordo. Sempre que conquistamos algo, comparamo-nos imediatamente com o "vizinho". Ora porque tem mais, ora porque tem melhor. Raramente olhamos para os desafortunados, como se já os tivéssemos ultrapassado. Sempre colocamos a trave lá em cima, junto daqueles que já ascenderam mais do que nós na pirâmide social. Involuntariamente, alimentamos uma mentalidade de escassez, na qual sempre faltará qualquer coisa para ter tanto quanto o outro. Como alternativa, por que não adotar uma perspectiva de abundância, segundo a qual podemos não ter tudo que queremos, mas queremos tudo que temos? Pouco importa a quantidade de água que está no copo. O que realmente interessa é o tamanho do copo que escolhemos.

Além de a comparação ser uma forma terrível de autodestruição do bem-estar, é também uma profunda ilusão. Se demoramos quase uma vida inteira para nos descobrir, como podemos nos atrever a pensar que conhecemos o outro? Invejamos tudo que ele conseguiu sem nunca perguntarmos o que teve de passar para chegar ali. Cobiçamos seus bens sem nunca questionar os sacrifícios que ele faz para sustentá-los, ou se ele se sente realmente feliz por possuí-los. Não sabemos. Sempre que abrimos as redes sociais e deslizamos pelo mural das comparações, aquilo que vemos é o que aquele usuário quer mostrar. Trata-se de uma realidade encenada, editada e selecionada com a máxima cautela. É tentador invejar alguém com uma aparência mais vistosa, um carro melhor, uma casa maior e inúmeros prazeres nas fotografias. Pena que nos esquecemos de que estamos nos comparando com alguém que, além de ser completamente diferente de nós, também não sabemos ao certo quem é. Será que desejamos ser alguém que ambiciona ser como nós? Nunca saberemos, nem temos de nos preocupar com isso.

Pontualmente, recebo mensagens de aspirantes a escritores. Acabaram de iniciar seu percurso e me procuram porque querem saber qual é o "truque". Tentam extrair de mim algum conselho milagroso que lhes permita queimar etapas e acelerar o sucesso. Correndo o risco de ser injusto, sinto que só estão vendo a "parte boa" — os livros publicados, o número de leitores e o *feedback* nas redes sociais. Tal qual a maçã que encontramos no supermercado. A fruta exposta não diz quando foi plantada, quantas vezes foi regada e quantos meses demorou para se formar. Simplesmente aparece-nos ali, pronta para colher. Essa aparente facilidade nos ilude e nos faz procurar atalhos para que não tenhamos trabalho, literalmente.

Cada um deve enfocar apenas o seu percurso. O que os outros fazem ou deixam de fazer não é problema nosso. Se quiser chamar de competição, então a única que deve existir é entre você e você mesmo. Melhore-se porque quer evoluir, não porque deseja superar alguém. Trabalhe, dedique-se e coopere, sem nunca temer as conquistas alheias. Ter vencedores ao seu redor só o ajuda a ser ainda melhor, nunca se esqueça disso. Imagine agora se, de repente, desaparecessem todas as pessoas da Terra e só restasse você. Sem termo de comparação, você saberia quem é? Para onde iriam os conceitos de bonito e de feio? De bom e de mau? De gordo e de magro? Essas definições mentais só podem ser destruídas por aqueles que as construíram: nós. Cuide-se, faça o que sente vontade e deixe de lado a vida alheia, pois ela é isso mesmo: dos outros.

DEIXA EU TE FALAR:

Não compare
O que não tem comparação.
A começar por você.

FALTOU LUZ

> *Coragem é a resistência ao medo, o domínio do medo, não a ausência do medo.*
>
> **MARK TWAIN**

Nunca gostei muito de correr, mas, assim que a luz se apagava, não me restava alternativa. Aquele *sprint* entre interruptores era assustador. Quando conseguia acender uma nova lâmpada, eu finalmente podia respirar aliviado. Como sempre, não havia nenhum monstro para me fazer mal. Era apenas o meu quarto de sempre, com tudo no lugar. Antes de adormecer, eu precisava também programar o *timer* da televisão. Aquela claridade e o ruído de fundo eram uma ótima companhia. Além disso, serviam para espantar visitas indesejadas. Há uma espécie de certeza absoluta que nos diz que esses seres imaginários têm medo da luz. Por vezes, as contas eram malfeitas, a tela se desligava e eu ainda não tinha adormecido. Antes que alguém percebesse aquela pequena brecha, eu esticava de imediato o braço até o controle e programava mais quinze minutos. Para evitar um novo percalço, fechava os olhos com vontade e fazia força para adormecer.

À semelhança da maioria das crianças, também tive medo do escuro. O desconhecido tem esse poder avassalador sobre a nossa imaginação. Pediam-me para não ter medo, pois aparentemente não existia razão para tal. Por mais que eu concordasse, o receio nunca me abandonava. Aquilo me fugia completamente do controle. Lembrava-me daqueles vídeos que apareceram mais tarde, em que já sabíamos que íamos nos assustar e, mesmo assim, o pulo na cadeira era inevitável. O medo é quase impossível de racionalizar, sobretudo quando somos bem jovens. O fato de não conseguir domesticar o meu instinto de defesa me deixava embaraçado. Quase como uma fraqueza, uma debilidade, um erro de sistema.

Pedir ou sugerir a alguém que não tenha medo pode ser frustrante. Logicamente, a pessoa não sente receio porque quer. Embora a intenção seja boa, acabamos fomentando um sentimento de vergonha que pode condicioná-la pelo resto da vida. Ficamos com medo de admitir que temos medo, como se não fosse algo perfeitamente normal. Essa emoção vai nos acompanhar vida afora. Às vezes mais forte, outras menos evidente, mas sempre à espreita de uma oportunidade para se manifestar.

Diante de uma situação que nos deixe mais alerta, em vez de a confrontarmos, optamos por escondê-la. Nunca chegamos a analisar a possível origem daquele temor. Como não é suposto que se tenha medo, fazemo-nos de fortes. Ficamos esperando que as coisas se resolvam entre o tapete e o chão, algo que raramente acontece. Não por acaso, técnicas como a psicoterapia nos ajudam a resolver tantas questões. Somos "obrigados" a revisitar traumas, episódios menos agradáveis e outras situações que nem sabíamos que nos tinham marcado. É importante ir para trás para podermos seguir em frente.

Somos pressionados por uma expectativa social a não ter medo. Isso abala fortemente a autoestima das pessoas. Por que temos de ser sempre fortes? Por que "os homens não choram"?

Por que temos de abafar o que sentimos? Faz falta uma educação para as emoções. Sim, podemos ser "mariquinhas" de vez em quando. Estamos autorizados a desmoronar, a ficar nervosos ou a tremer de pânico. O problema nunca esteve naquilo que sentimos, mas na negação desses estados emocionais. Eles existem e podem ser bastante úteis. Quando estamos amedrontados, nosso corpo pede que prestemos atenção a esse foco de mal-estar. Algo está acontecendo e devemos, dentro do possível, averiguar a origem daquele desconforto. Com o nosso corpo, seguimos o mesmo princípio. Quando temos dores, não fingimos que nada está acontecendo. Vamos à farmácia ou ao médico e tentamos encontrar uma solução. O grande "problema" é que o medo não sangra, não arde nem dá febre. Aparece e desaparece, como um clarão. É uma "doença" silenciosa, que vai nos tirando a vontade de viver aos poucos, e, em determinado momento, já é tão normal que acabamos por incorporá-la à personalidade.

"Podemos facilmente perdoar uma criança que tem medo do escuro; a real tragédia da vida é quando os adultos têm medo da luz." Platão não podia estar mais certo. Chega uma altura em que nos afeiçoamos aos medos e deixamos de saber viver sem eles. Pode ser ruim, pode ser desconfortável, mas ao menos já sabemos com o que contar. Duvidamos da pessoa que seríamos sem aquelas fobias. Teoricamente, seria mais tranquilo e prazeroso. No entanto, estamos aconchegados nos nossos receios, habituados a ser assustadiços, e, como todos sabemos, mudar custa muito. Por pior que seja o cenário, vamos sempre preferir o medíocre e o familiar ao desconhecido e potencialmente melhor. O receio da escuridão entranhou-se na nossa atitude e passamos a temer a luminosidade. Mesmo que atolados, preferimos permanecer na caverna, longe do brilho evolutivo.

Sempre que estiver feliz, fique feliz. Sempre que sentir medo, fique com medo. Sinta o que tem de sentir. Sem preconceitos nem suposições. Nunca hesite em observar a si próprio. Acenda a luz e descubra o que há dentro de si. Mesmo que não seja aquilo que você estava esperando, pelo menos é verdade, e quem vive de verdade não merece castigo.

DEIXA EU TE FALAR:

Não tenha medo
De ter medo.

BOICOTE

> *Evitar a felicidade com medo de que ela acabe
> é o melhor meio de nos tornarmos infelizes.*
>
> **ALBERT EINSTEIN**

Ao contrário do que se diz por aí, se olharmos com atenção, ninguém sofre por amor. Como poderia um sentimento tão nobre provocar um efeito tão nefasto? Impossível. A principal causa do sofrimento "amoroso" reside no apego, na dependência e no medo de um futuro sem aquela pessoa. É duro ter de assumir que nos deixamos manipular por esses receios — daí ser bem mais tentador que nos desculpemos com o amor. Enquanto o fizermos, iludidos pela certeza de que as coisas são assim mesmo, a visão continuará a ser um areal, em que cada grão que atiramos nos impossibilita de ver o que realmente tem de ser resolvido. À medida que a ficha corrida sentimental vai crescendo, a tendência começa a ser a fuga. Fugir das relações, da intimidade e do amor que poderíamos receber: foi precisamente isso que aconteceu com minha amiga Sofia. Dos quatro namoros que teve, todos terminaram mal. Ciúme, gritos e ódio. A princípio, era tudo maravilhoso. Jantares, férias, presentes, cartas românticas e planos para um futuro a dois. A paixão falava mais alto e ensurdecia as diferenças. "Agora vai!", dizia ela, enquanto eu me esforçava para acreditar. Obviamente, ficava feliz pela Sofia, mas o padrão estava lá, apenas mudava o par. Como das outras vezes, subitamente o suposto amor transformava-se em tudo que ela temia. Cansada de tentar, decidiu fechar o coração e ficar sozinha. Transformou-se numa daquelas pessoas que dizem que os homens são todos iguais, como se isso fosse um defeito deles e não um requisito de quem os escolhia. Agarrou-se à carreira e dedicou-se à família, na qual o risco de se desiludir era menor. Para tentar camuflar a amargura que se alastrava, dizia querer ficar para "tia". Essa nova postura, a da mulher solteira, forte e independente, não passava de disfarce. Em geral, quem se esforça muito para mostrar que está bem o faz porque, na verdade, não está. Por maior que seja o investimento nas aparências, estas nunca serão suficientes para subornar a realidade. É preciso ir mais fundo e tentar encontrar uma solução para o que está mal resolvido.

Todos os homens que se aproximavam da Sofia eram imediatamente repelidos, com exceção de alguns encontros casuais sem relevância. Desenvolvera uma técnica de ricochete, em que mal batiam à porta do seu coração eram logo projetados para longe. Um dia até a chamei de "antibiótico", tamanha era a falta de critério em distinguir os "bons" dos "maus". Durante algum tempo, essa atitude serviu para insuflar o ego e até mostrar aos ex-namorados que eles é que tinham se dado mal. Era como ir a um restaurante e, por prevenção, ficar apenas nas entradas.

Esse cenário durou pouco mais de um ano. Até que chegou o dia em que fazer-se de difícil já não era assim tão fácil. A superficialidade das interações era curta, comparativamente com tudo o que sentira no passado. O anjinho no ombro esquerdo sussurrava para que se deixasse levar, dar uma oportunidade, enquanto o diabinho a relembrava dos perigos de se entregar a alguém. Era infeliz e não sabia. Tanto quis defender-se do mundo que acabou por esquecer que é de lá que também vem a felicidade. Foi essa reflexão, que tantas vezes fizemos em conjunto, que lhe permitiu aprender, evoluir e alterar o padrão. Precisou mudar para que tudo à sua volta fizesse o mesmo.

A chave está no equilíbrio e na sabedoria de escolher não o que queremos, mas o que sentimos ser o melhor para nós. A crença de que é preciso alguém que nos preencha só nos faz sentir ainda mais vazios. Primeiro é preciso fazer a lição de casa, resolver o interior, arrumar as ideias e só depois abrir o coração. As relações que começam pelo telhado estão destinadas a ruir. O que não significa que não possamos mudar o método de construção. Porém, fugir da felicidade com medo de ficar triste não é a solução. Viver dói. Garantidamente, algo ou alguém vai nos magoar. Ao tentar evitar ao máximo esse momento, acabamos por nos infligir essa mesma dor. Um masoquismo inconsciente, baseado na preocupação e no sofrimento por antecipação. Talvez ajude começar trocando o "e se me abandonar?", "e se me magoar?", "e se deixar de gostar de mim?" por "e se essa relação me fizer bem?", "e se vivermos momentos felizes?", "e se valer a pena enquanto durar?" Como sempre, tudo muda de acordo com a perspectiva.

Concordo plenamente com Paulo Coelho: "O medo de sofrer é pior que o próprio sofrimento". Viva o que você tem a viver. Escolha baseado na intuição, no que sente, no que o coração diz; não permita que o medo assuma as rédeas. Quanto maior for a subida, melhor pode ser a vista. E se, em algum momento, você tiver de cair, lembre-se de abrir as asas e se permitir voar.

DEIXA EU TE FALAR:

Também há pessoas
Que são boas demais
Para serem mentira.

ANO NOVO, MAIS DO MESMO?

> *Embora ninguém possa voltar atrás e fazer um novo começo, qualquer um pode começar agora e fazer um novo fim.*
>
> JAMES R. SHERMAN

Embora a maioria das pessoas não saiba a origem da tradição das sementes de romã, poucos são aqueles que hesitam em ingeri-las à medida que manifestam os desejos para o novo ano. Quem diz sementes de romã também pode dizer calcinhas amarelas ou pular ondas. Religiosamente, os rituais são cumpridos ano após ano quando, na verdade, a única certeza que temos é a de que estamos um pouco mais velhos e também mais próximos do final. Para que celebrar? Fatalismos à parte, se olharmos bem, não há muita diferença em festejar em outro dia qualquer. Insistimos em esperar pelo primeiro mês para recomeçar a vida, tomar decisões e, quem sabe, realizar alguns desejos. Motivados pelo êxtase e pela euforia do novo calendário, esquecemo-nos de que essa frágil motivação é como os fogos de artifício: acaba sempre mais depressa do que desejamos.

Obviamente, não tenho nada contra quem define metas para o futuro que se avizinha. Ainda assim, não posso deixar de sentir que o otimismo ingênuo e a positividade irresponsável são os maiores inimigos dos sonhos que não se cumprem. No seu manual para a vida, o filósofo Epiteto nos alerta para a pouca atenção que damos àquilo que precede e sucede determinado objetivo. Esse é um dos motivos que levam à baixa taxa de sucesso das sementes de romã que ingerimos. Pedimos por pedir, sem questionar se estamos verdadeiramente dispostos a percorrer aquele caminho ou se ambicionamos o que pode advir daquela conquista. Um exemplo clássico é a enchente de novos atletas nas academias. É saudável querer ficar em forma, claro, mas quantos têm a disciplina, a força de vontade e a energia necessárias? Quantos estão dispostos a ter cuidado com o que comem, com o que bebem e com o número de horas que descansam? Poucos, muito poucos.

Até podemos ter os melhores tênis, a camiseta mais respirável e o aplicativo de contar calorias mais avançado, mas tudo isso será inútil diante da falta de consistência. Se desde o princípio soubemos que não era assim tão importante para nós estar tonificados, para que nos enganar? A falta de honestidade para conosco nos leva a desperdiçar tempo e energia. Pulamos de atividade em atividade, sem nunca nos entregarmos verdadeiramente a nada. Não paramos para ouvir o que nos entusiasma, o que nos enche o espírito e faz nossos olhos brilharem. É por aí que temos de ir. Até porque, se conseguirmos atingir as tais metas, que não são assim tão importantes, o mais provável é ficarmos desiludidos com o esforço que dedicamos *versus* a satisfação que atingimos.

"Neste ano tudo vai mudar!", sentimos nós em voz alta, à medida que as doze badaladas se encaminham para o final. É bom acreditar que a vida será melhor e mais bonita. Partilho dessa fé, mas não paro por aí. Otimismo não é sinônimo de inércia e muito menos de irresponsabilidade ou descuido. A crença cega, por si, serve apenas para vendar a realidade. O verdadeiro otimista não ignora os desafios, os imprevistos ou os riscos. Ser positivo e dizer que vai ficar tudo bem, que tudo é possível, pode ser mais tóxico do que muita da negatividade que anda por aí. Quantos arco-íris foram pintados e afixados por pessoas que não sentiam genuinamente que ia ficar tudo bem? Assim como temos de parar de ceder aos objetivos de vida genéricos, também é fundamental que não sucumbamos à pressão para estarmos sempre bem. Ninguém o está, muito menos perante essa avalanche de incertezas. Todos somos feitos de altos e de baixos. Só é representado pela linha reta quem já nos deixou. Ninguém é triste por estar triste. Não é o nosso estado emocional que nos define. Faça chuva ou faça sol, o céu é sempre o mesmo. A felicidade não pode ser fingida com meia dúzia de sorrisos mal rasgados. Muito pelo contrário. Quanto mais ignorarmos os problemas (reais), maiores eles se tornam. Nem tudo se resolve por si, muito menos de uma só vez. É preciso assumir a responsabilidade por aquilo que atravessou nosso caminho. Quando o pneu do carro fura, não ficamos à espera de que, por milagre, ele se encha sozinho, certo? Com a vida é a mesma coisa.

    Ninguém precisa esperar janeiro para mudar o que quer que seja. Basta um instante. Uma decisão apenas. Garanta que vai tomá-la por si e para si. Nem sempre faz bem desejar aquilo que (alegadamente) devemos. Ah! A tradição de comer romãs surgiu na Grécia.

DEIXA EU TE FALAR:

Se somos todos diferentes,
Porque nos forçamos a
Perseguir as mesmas coisas?

HOJE É
UM BOM DIA
PARA

Relativizar

Relativizar o que me dizem.

Relativizar os meus erros.

Relativizar o que me preocupa.

**HOJE É
UM BOM DIA
PARA**

Escolher

Escolher quem me faz bem.

Escolher onde quero estar.

Escolher as mudanças que preciso fazer.

O MENINO DANÇA?

*O medo dá às pequenas coisas
grandes sombras.*

PROVÉRBIO SUECO

Apesar de a pista de dança ter me convidado tantas vezes para entrar, nunca tivemos uma boa relação. Hoje em dia, dançar é algo que nem tenho pena de não saber fazer, pois também nunca provei dos seus benefícios. De qualquer forma, tenho a perfeita noção de que teria sido um ótimo instrumento de socialização durante a juventude. Ainda não descobri onde foi que me meti no momento em que o Criador distribuía amavelmente essa competência. É provável que estivesse escondido, sem querer dar muito na vista. Foi à arte da fuga que dediquei grande parte da adolescência. Passar despercebido significava não ser julgado pelos outros; logo, eu achava que a probabilidade de me magoar seria bastante baixa. Sim, também me deixei vitimizar pela opinião dos outros, esse flagelo que ainda assombra grande parte das pessoas.

A primeira vez em que senti esse receio, ainda durante a infância, foi num casamento. Não lembro ao certo que idade tinha, mas recordo-me perfeitamente da situação. Chegado o momento de celebrar e dançar, a euforia instalou-se e todos se apressaram a formar pares. Dentro de mim ressoava apenas uma pergunta: "Por que todo mundo está feliz e eu não?"

Na esperança de conseguir me enturmar, puxei uma cadeira, sentei-me perto do grupo e passei a acompanhar o ritmo das músicas com o pé, como se isso me transformasse em bailarino. Como seria de esperar, meu disfarce durou pouco tempo. Ainda estávamos na segunda música quando uma senhora reparou em mim e, ao julgar que estava triste por não ter com quem dançar, fez a gentileza de me estender a mão. Seu olhar perguntava: "Quer dançar?", e o meu deve ter respondido algo como: "Isso não está acontecendo". Optei por permanecer fiel à minha cadeira, tentei agradecer dentro do possível e continuei observando quem se divertia, mas com muito mais cautela — não queria que aquilo voltasse a acontecer.

O medo do ridículo sempre esteve presente. Eu me levava muito a sério e dava demasiada importância à opinião dos outros, como se eles não tivessem mais em que pensar. Exigia de mim o compromisso de não facilitar, não perder a postura e tentar esquivar-me ao máximo da gozação alheia. Era inseguro e não sabia. Julgava-me forte e sem paciência para "essas coisas", quando, no fundo, estava apenas assustado. É tentador esconder o medo atrás de um disfarce mais rígido e seletivo. Criamos uma identidade que nada tem que ver conosco. Valerá a pena deixar de fazer seja o que for por força da opinião alheia? Nem pensar.

A minha chegada a Tarrafal, em Cabo Verde, onde vivi durante três meses, foi condecorada com um regresso ao passado. Quase por pressão, fui obrigado a resgatar tudo que já tinha sentido quando aquela mulher simpática tentou me levantar da cadeira para me ver dançar. Até aquele instante, a tradição das batuqueiras era-me completamente desconhecida. Muito sucintamente, tudo se resume a um grupo de mulheres munidas do respectivo batuque. E há uma solista a quem o resto do grupo responde. Num ritmo acelerado e entusiasta, as mãos e as vozes daquelas artistas recriam um estilo ancestral único que teve origem no século 18. Deliciado com aquele espetáculo de boas-vindas, eu me limitava a apreciar e a criar registros fotográficos para poder recordar mais tarde. De repente, ouço vozes que, em uníssono, dizem o meu nome. Ainda tentando assimilar uma nova realidade, sinto-me exposto à oportunidade de ser ridículo. Como já ficou bem patente, não sei nem dançar uma música de casamento, quanto mais um ritmo novo, bastante acelerado e muito longe da minha zona de conforto. As defesas despertaram de imediato e tentaram driblar o mais rápido possível aquele momento constrangedor, mas sem grande sucesso. Eram cerca de quinze vozes contra a minha timidez. Além disso, eu tinha acabado de chegar e não queria parecer mal-educado. Fui para lá para viver uma nova cultura, abraçar outros costumes e, à primeira oportunidade, tento fugir? Nem pensar!

    O ar quente da ilha de Santiago invadia-me as narinas, enquanto eu respirava fundo para mentalizar o que estava por vir. Rendi-me ao desafio e fui. Posicionei-me no centro da roda, amarraram um pano típico à minha cintura e o ritmo alucinante retomou. Desajeitado e com perfeita noção da minha falta de jeito, deixei-me levar. Aos poucos, a tensão foi sendo substituída por altas gargalhadas, embora eu estivesse prestes a deslocar os quadris. Assim que a dança terminou, para meu espanto, fui ovacionado pelas minhas companheiras. Louvaram-me a coragem de ter aceitado (que remédio) o convite e fizeram-me sentir como um novo membro da comunidade. Felizmente, essas imagens ficaram gravadas em vídeo. Sempre que as revejo, penso: "Ainda bem que fui".

O medo não nos desvia apenas do perigo: também consegue afugentar experiências positivas. Vivências que ressaltam a vulnerabilidade que tão bem nos caracteriza e que, em grande parte dos casos, acaba sendo a porta de entrada para o crescimento. Sair da zona de conforto é desconfortável, mas por vezes o óbvio tende a nos escapar. A sabedoria reside em distinguir a ameaça da oportunidade, o que vamos deixar de fazer porque é prejudicial ou porque nos importamos com o que vão dizer. No final, nada disso será relevante. Se olharmos bem, em vez de nos dicionários, a verdadeira definição de "ridículo" está escrita apenas num lugar: os nossos preconceitos.

DEIXA EU TE FALAR:

Não se guie pela sombra
Sem descobrir de onde vem a luz.

TÃO SOZINHO

> *Fugimos da solidão quando temos medo dos próprios pensamentos.*
>
> ERICO VERISSIMO

O **povo que diz** "quanto mais, melhor" é o mesmo que diz "o que é demais não presta". Não sei se é isso que nos deixa confusos, levando-nos a temer muito mais a solidão do que o excesso de companhia. Estarmos acompanhados nem sempre tem como finalidade o sentimento que o outro nos provoca. Até porque, algumas vezes, essa sensação pode até ser bastante tóxica e desgastante. A razão principal é a distração e respectiva anestesia. Enquanto tivermos alguém para quem apontar o dedo ou que acreditemos ser o derradeiro responsável pela nossa felicidade, temos um escape. Julgamos os outros porque tememos aquilo que podemos encontrar em nós próprios. O medo da solidão não tem tanto que ver com o receio de estarmos sozinhos. Na verdade, os pensamentos que nos povoam a cabeça raramente nos deixam a sós. Tudo vai depender de termos ou não uma boa relação com eles.

Por falar em relações, aquela que mantenho com a vida nem sempre foi boa. Complexa, confusa e deprimente, era assim que eu a (vi)via. Por vezes, estar vivo pode ser extremamente difícil.

Somos esmagados pela tristeza, pelo pavor e pela dúvida sobre se dias melhores virão. A frustração guardada havia anos se exacerbou em 2015. Eu estava saturado de tudo. Irritava-me com facilidade, acordava suspirando e via os dias me fugirem por entre os dedos. Não foi assim que imaginei a minha vida. Sentia que não estava fazendo grande coisa. Como uma receita perdida, a que nem a correção dos temperos pode salvar, também eu precisei jogar fora o que tinha e começar de novo. Não sei se melhor ou pior, mas com certeza seria diferente.

Desiludido com o mundo e com as pessoas, senti necessidade de me isolar. Precisava lamber as feridas longe daqui, onde ninguém me conhecesse, e que não houvesse distrações. Quando estamos assustados, fugir é sempre aquele remédio que temos na gaveta cujo prazo ainda não expirou. Julgava que a culpa de todos os males pertencia àquilo que me rodeava: família, amigos, namorada e emprego. Pela lógica, ao afastar-me desse contexto, eu me sentiria imediatamente melhor. Decidi que o melhor esconderijo seria Cabo Verde. Parti na esperança de me resolver, de me encontrar e de voltar mais próximo de mim. Prospectei uma espécie de retiro espiritual, desligado do mundo e onde fosse possível recompor-me. Enchi a mala de livros e levei um caderno a fim de aprimorar a escrita. Nos intervalos, queria também meditar, fazer caminhadas e algum esporte. Tudo isso enquanto descobria a ilha de Santiago e os seus encantos.

O calendário marcava o segundo dia do mês de maio, o voo da TAP era o 1533 e partia às 20h50. Nunca mais me esqueci. Despedi-me da única realidade que conhecia e parti em busca de algo melhor — ou, pelo menos, distinto do que vivera até então. Estava prestes a descobrir como era o mundo, além do trânsito típico de Lisboa, da caixa de *e-mails* e das noitadas nos barzinhos. Tinha de haver mais, muito mais. Viver não podia resumir-se a apenas existir, respirar, pagar contas e ficar doente de vez em quando. Talvez fosse arrogância da minha parte assumir tamanha crença, mas eu precisava mesmo tentar. Como disse, e bem, o poeta Mário Quintana: "Vale a pena viver — nem que seja para dizer que não vale a pena".

Em sentido inverso à maioria das pessoas, decidi correr atrás da solidão. Queria eliminar todo e qualquer ruído. Ficar a sós comigo e descobrir o que o silêncio tinha a me dizer. No entanto, esse objetivo teve a mesma expectativa de vida de uma formiga. Mal aterrissei no aeroporto da Praia, aconteceu o inesperado no desembarque, onde eu não esperava encontrar alguém para me desejar boas-vindas. Contrastando com a maioria das pessoas, lá estavam duas meninas portuguesas acenando. Contra tudo que tinha planejado, eu teria de dividir casa e trabalhar no mesmo projeto de voluntariado com a Rute e a Lúcia. Coincidência ou não, algo fez que os nossos caminhos se cruzassem naquele grão do Atlântico.

Quando julgava que a surpresa já tinha terminado, fiquei a par do milagre da multiplicação. Além de nós, ainda havia um Pedro, uma Marta, uma Andreia e uma Xana. Ironia das ironias, enquanto em Lisboa eu dividia a casa com uma pessoa, no Tarrafal teria de partilhar com muitas mais. A vida mandou o meu desejo passear e me limitei a aceitar — que remédio. As coisas não tinham começado da forma que imaginei, mas tentei dar-lhes o benefício da dúvida.

Naquele primeiro mês, falhei com cada ponto do meu *checklist*. Não meditei, não li, não escrevi meia página sequer, não pratiquei esportes e raramente estava sozinho. Mas sabe que mais? Sentia-me feliz e preenchido. Formamos um grupo unido que partilhava motivações. Habituei-me àquela nova rotina e agradecia todos os dias pela excelente companhia. No entanto, sabia que não duraria para sempre. Ao contrário de mim, que escolhi ficar três meses, o restante do grupo voltaria a Portugal no final de maio. Pela informação que recebi do projeto, durante os meses de junho e de julho eu estaria por minha conta, pois a chegada de mais voluntários não estava programada. A solidão que tanto ambicionei começava a erguer-se no horizonte, mas será que eu ainda a queria tanto assim?

São as pessoas quem faz os lugares. A minha definição daquela vila fundia-se com aqueles seres humanos maravilhosos. Sem eles, nada seria o mesmo. As idas à praia, o trabalho com as crianças, os jantares, as aventuras pela ilha... Tudo seria diferente e, acima de tudo, solitário. Pela primeira vez, senti medo de ficar sozinho num país que não era o meu. E se me acontecesse algo, alguém daria pela minha falta? Era uma sensação estranha e, ao mesmo tempo, assustadora. Já nem lembrava que eu mesmo havia pedido aquele isolamento e aquele silêncio. Perante o receio, começou a crescer uma vontade de fugir de volta para Portugal. Cheguei inclusive a ver voos de regresso, mas ainda bem que me limitei a ficar por ali.

Quando a última voluntária partiu, a Andreia, senti um tremendo vazio. Já não havia barulho em casa, eu fazia as refeições sozinho e era obrigado a estar a sós comigo. Reconheço que naquela altura não era assim tão boa companhia. Não sabia ao certo em quem havia me transformado nem que tipo de pessoa ambicionava ser. Com tanto tempo para me observar, lembrei-me dos dias em Lisboa. Estava agora num lugar onde não podia culpar ninguém. Sem colegas, chefes, família, amigos ou namorada, o único que sobrava era eu. O desconforto continuava em mim, mesmo na ausência desses "vilões". Admito que não foram dias fáceis. Eu estava fora de prumo. Voltei a questionar a minha vida e o que eu estava fazendo dela. As circunstâncias haviam mudado substancialmente, mas a sensação permanecia a mesma. Como era possível? Gradualmente, fui percebendo que meu medo não advinha de estar sozinho, mas do pavor de me questionar. Só a mim, a mais ninguém. Bastava de culpar tudo e todos. Estava na hora de assumir a responsabilidade pela minha vida. Foram semanas de alguma introspeção forçada, porém necessária. Crescer não mata, mas dói — engana-se quem diz o contrário. Apesar da defasagem temporal entre a intenção inicial de estar sozinho e a sua realização, hoje sei que tudo aconteceu como tinha de acontecer. Lá no fundo, sempre soube que meu desejo de solidão estava correto, só nunca imaginei que pudesse assustar tanto. À medida que o vendaval interior serenava, uma paz de espírito começava a colorir os meus dias. Quando finalmente me acostumei à ideia de andar sozinho pela ilha, soube da chegada, para breve, de novos voluntários. Obviamente, fiquei entusiasmado, não tanto pela companhia, mas porque conheceria pessoas novas.

Nesse grupo de recém-chegados estava minha futura namorada. Quem diria, não é? Enfrentar o medo da solidão valeu por tudo que adveio a partir daí. O fato de ter levado a experiência até ao fim abriu-me portas que nenhuma passagem de volta poderia me oferecer. Além da vida amorosa, ainda consegui emprego, dei palestras e comecei a escrever crônicas e livros. Tudo pelo simples fato de, naquele preciso instante, ter escolhido tentar. Tentar viver comigo, observar os fantasmas que me atormentavam o espírito e acreditar que a melhor forma de vencer os medos é enfrentá-los. Nada foi tão ruim como imaginei. Sobrevivi, soube tomar conta de mim, cresci e acabei não passando tanto tempo sozinho como temia. Isso prova a quantidade de coisas das quais desistimos sem um motivo real. A verdade, que afinal era mentira, sempre esteve apenas na minha cabeça. Só aconteceu na imaginação e em mais lugar nenhum.

Não são só os males, os medos também podem vir para bem. Se os sentimos, é porque também temos a capacidade de superá-los. Acenda a luz e você verá que, afinal, os monstros não são assim tão grandes.

É possível tirar partido
Das partidas que a vida prega.

MEDO DE MORRER

> *O medo da morte decorre do medo da vida.*
> *Aquele que vive plenamente está preparado*
> *para morrer a qualquer momento.*
>
> **MARK TWAIN**

Embora aquilo que vamos encontrar quando morrermos seja completamente desconhecido, o prazo de validade do corpo permanece um motivo de tormenta. Para a maioria das pessoas, a ideia de "chegar ao fim" é triste. Não só ao fim da vida como ao encerrar de cada capítulo da história que escrevemos. Sejam relações, conquistas ou pequenos instantes de alegria. Toda felicidade interrompida ganha um novo estatuto. É por isso que vemos tantos artistas serem reconhecidos depois de partirem. O saudosismo e a nostalgia têm o dom de enaltecer o passado através dos olhos do presente. À distância, normalmente, tudo parece melhor. Existe quase um apagão do que aconteceu de menos positivo, sobrando apenas os grandes feitos, devidamente inflamados por essa mesma saudade — "antigamente é que era bom", dizem eles. Por outro lado, também podemos admitir que sem os pontos finais seria impossível virar a página. Renascemos o tempo todo. Os dias morrem para dar lugar a um novo amanhecer. Cada despertar é uma nova oportunidade, completamente distinta da anterior. Nada dura para sempre e nós não somos exceção.

Ao contrário do que costumamos dizer, o filósofo Sêneca afirmava que a vida era suficientemente longa para cumprirmos tudo aquilo que viemos fazer aqui. Para tanto, teríamos "apenas" de saber investir no tempo com sabedoria. Coisa que, na minha opinião, não estamos fazendo muito bem. Se por um lado nos queixamos de que a vida é curta e o tempo voa, por outro temos uma política de esbanjamento de horas: "Depois penso nisso", "amanhã a gente vê", "talvez ano que vem" etc. Iludimo-nos ao dar o dia seguinte como garantido e, quando percebemos, já se passou uma vida inteira. "Não tenhamos pressa, mas não percamos tempo." Obrigado, Saramago.

Quando me pego me questionando se tenho ou não medo de morrer, sempre deságuo no mesmo rio. Talvez o receio seja de sofrer, mas não da morte em si. Creio que quem morre não tem consciência de que morreu; logo, não existe dor que possa afligi-lo. Apesar da generalização desse temor, minha verdadeira preocupação reside em não estar vivendo como deve ser. Preocupamo-nos tanto com o fim que nos esquecemos do durante. É como estar numa festa e não conseguir se divertir porque no dia seguinte será preciso acordar cedo. Penso muito sobre isso. Sobre por que o medo de morrer se sobrepõe ao medo de não viver. Talvez seja um problema de interpretação. Assim que damos o último suspiro, o estágio seguinte é só um, não há volta. Já o guarda-chuva da vida consegue abrigar várias hipóteses. Podemos estar mal, assim-assim ou muito bem, mas estamos vivos. Existem variadíssimas definições de acordo com os olhos do utilizador. É aqui também que se confunde o existir com o viver. Apesar de serem sinônimas no dicionário, ambas as palavras apresentam sentidos práticos distintos. Será que alguém que se limita a sobreviver está realmente vivo? É claro que existem momentos em que a subsistência se sobrepõe a todo o resto. Não é isso que está em pauta. No entanto, assim que o mínimo de conforto está garantido, não faria sentido tentar desvendar uma vida digna desse nome?

Não é o medo da morte que vai impedir que ela aconteça — esta é uma das poucas certezas que temos. Assim como nem sempre é dos maiores riscos que advém o sofrimento. Vejamos o exemplo de Michael Schumacher, um dos melhores pilotos de Fórmula 1 de todos os tempos. Realizou sua primeira prova em 1991 e terminou a carreira em 2012. Foram cerca de vinte anos praticando um esporte de risco elevado. O medo de ter um acidente nunca o impediu de realizar seu sonho nem de se realizar como ser humano. Infelizmente, ele está internado desde 2013, depois de sofrer uma queda enquanto praticava esqui. Apesar de não ter morrido, pouco se sabe quanto a um possível regresso seu à normalidade. Schumacher poderia não ter sido piloto de Fórmula 1 e se lançado a algo mais estável. Poderia ter optado pela segurança na tentativa de preservar sua integridade física. Provavelmente seria alguém frustrado, amargurado e com sonhos não realizados. A verdade é esta: a decisão de não ser automobilista e dirigir a alta velocidade não o teria protegido daquilo que aconteceu nos Alpes. Estar vivo é um risco. Sempre que acordamos, somos candidatos a não acordar nunca mais. Assim, será que vale a pena fugir da morte, mesmo que isso implique desperdiçar a vida?

Se eu morresse neste preciso momento, morreria feliz. Tenho certeza. Não por já ter feito tudo que queria, mas por ainda querer tudo que fiz. Tenho orgulho das decisões que tomei e sinto a satisfação de quem fez o melhor que sabia. Viver intensamente e de acordo com a pessoa que somos talvez seja a única forma de escapar da morte. Estamos tão ocupados vivendo que não sobra espaço para temer o final. Podemos compará-lo a um filme que, por ser tão bom, nos prende de tal forma que nem sentimos necessidade de olhar para o relógio. Cabe-nos assumir a responsabilidade por cada escolha que fazemos. Parar de mentir, sobretudo a nós próprios. Beber o máximo de experiências e aprender, aprender muito. Merecemos pelo menos tentar, não acha? A vida foi feita para ser vivida, não sobrevivida. Assim, no dia em que a estrada terminar, vamos poder dizer: "Valeu a pena!"

DEIXA EU TE FALAR:

A morte é uma obrigação.
Viver é uma opção.

ESTAVA TUDO BEM

Como fica forte uma pessoa quando está segura de ser amada!

SIGMUND FREUD

Estamos desligados. Tão desconectados que perguntamos "está tudo bem?" quando, na verdade, não queremos tanto assim saber a resposta. Se estivermos do lado oposto da questão, respondemos de igual forma, mas sem o ponto de interrogação. Está sempre tudo bem, ou pelo menos é isso que tentamos fazer transparecer. Porém, raramente está. Aprendemos a esconder nossas fragilidades de forma tão meticulosa que, depois de um tempo, já nem sabemos onde as guardamos. Dentes brancos abrigam sorrisos amarelos, na esperança de que ninguém repare. Acreditamos ter de ser fortes todos os dias, a cada instante, sem vacilar — autênticas máquinas. Reprimimos emoções e tentamos compensar com mais uma *selfie* nas redes sociais. Alguns *likes* e comentários depois, sentimo-nos ligeiramente melhor. Tal qual o fósforo, a chama desse carinho digital dura pouco. No dia seguinte, temos de acender outro, na esperança de receber afeto novamente e anestesiar mais um pouco o vazio.

Há quem se tenha especializado tanto na arte de esconder as emoções que, inevitavelmente, acaba por fazer transparecer uma imagem de pessoa forte, ponderada e bem resolvida. Foi o que aconteceu com minha colega Diana. Tudo nela era "normal": o marido, o cão, o emprego, a casa e os amigos. Por vezes, cruzávamo-nos na copa, ao lado do único micro-ondas, e acabávamos almoçando juntos. Diana era daquele tipo bastante raro de colega, com quem era possível falar de algo que não fosse trabalho e, ao mesmo tempo, evitar a meteorologia. Chegamos inclusive a debater temas bastante profundos. Eu gostava mesmo dela. Aparecia sempre bem-disposta, às sextas-feiras trazia um bolo de banana, do qual se orgulhava por ser "saudável", e nunca faltou a uma festa da empresa. Havia ali uma boa energia — sentia-se a várias mesas de distância.

Era terça-feira e eu ia bater o ponto com sete minutos de atraso. Sempre que tinha dificuldade de estacionar, era isso que acontecia. Ainda bocejando, entrei no escritório e soltei um automático e pouco entusiástico "bom-dia". Não obtive qualquer resposta, o que me fez arregalar os olhos à procura de um motivo. Essa busca teria durado mais tempo, não fossem as lágrimas das minhas três colegas a denunciá-las. Não eram claramente de alegria, por isso perguntei, preocupado, o que tinha acontecido. No meio de alguns soluços e vozes trêmulas, me explicaram o motivo daquela tristeza toda. Imediatamente derrubei a mochila no chão, e nem o barulho do celular batendo me fez desviar o olhar. Naquela madrugada, o marido da Diana a tinha encontrado sem vida, vítima de suicídio.

O fingimento foi tão bem-feito que nem o próprio companheiro deu conta da iminência daquele desfecho. Fechei os olhos e tentei resumir todos os diálogos que tínhamos tido nos últimos dois anos. Como era possível a pessoa do bolo de banana ser a mesma que pretendia se matar? Algo não batia. Critiquei-me por não ter desconfiado de nada. Nem uma pontinha do seu discurso invocava um pedido de ajuda. Senti-me impotente e incrédulo. Comecei a imaginar a quantidade de sofrimento, amargura e angústia que estavam acumulados naquele corpo com pouco mais de um metro e sessenta. Por que é que não pediu ajuda? Não sei, nem nunca saberei.

Só sei que, sempre que você cruzar com alguém, pode ter certeza de uma coisa: aquela pessoa tem algum problema. Em maior ou menor escala, cada um de nós tem a sua cota de escuridão. Se todos temos isso em comum, para que insistir em esconder? Ser humano é ser frágil. Hoje penso na quantidade de amigos e familiares que negligenciei. Não por não gostar deles, mas por rotulá-los como fortes. Como se fossem os cactos aqui de casa, dos quais posso passar um mês sem cuidar e eles ficam na mesma. Nossos espinhos são outros e não estão na superfície. Machucam por dentro, nas entranhas, e formam feridas que nunca cicatrizam, pois estamos mais preocupados em parecer. Parecer que estamos felizes, que somos bem-sucedidos e que não precisamos da ajuda de ninguém. Quem gosta de nós nos monitora à distância, pelo Facebook e pelo Instagram, e a cada nova publicação nas férias ou num jantar pensa de forma aliviada: "Fico feliz que esteja tudo bem". Não tenhamos ilusões, nem sempre está tudo bem. Por vezes, quem sente maior necessidade de mostrar uma falsa alegria está pior. Muito sinceramente, já vi de tudo. De casais que se detestavam na vida real e eram perfeitos no mundo digital a *influencers* com milhares de seguidores que, no fim do dia, sentiam uma carência afetiva gigantesca. O "nem tudo é o que parece" continua bastante atual.

Nunca reprima o que você sente. Mais vale se debulhar em lágrimas do que se deixar afogar por elas. Chorar é normal, estar triste também. Nem sempre vai ser possível identificar a causa desse peso, mas haverá sempre uma forma de torná-lo mais leve. Deixe que ele exista. À semelhança das coisas boas, ele também vai passar. Domestique-o, mas não o prenda. Procure auxílio se for necessário. Pedir ajuda também é para os fortes, sabia? Fale com seus pais ou com seus amigos. Marque uma consulta com um(a) psicólogo(a) e se deixe guiar por alguém especializado. Há fases em que fazer alguma coisa faz toda diferença. Não se esconda mais. Em vez de guardar segredo, experimente antes guardar sua saúde. Você pode ser forte, mas também precisa de carinho.

DEIXA EU TE FALAR:

Não há força
Que substitua
A falta de afeto.

NA POSSE DE NINGUÉM

*O ciúme tem mais raízes no egoísmo
do que no amor.*

HENRY LONGFELLOW

Hoje liguei a televisão e ouvi algo que me fez pensar. A convidada era uma figura pública bem conhecida. Naqueles dois minutos, até mudar de canal, consegui pegar a parte da conversa em que ela relatava a forma como conduzia a vida amorosa. Sem qualquer hesitação e com a certeza de quem tinha refletido durante muito tempo sobre o tema, explicava ao entrevistador a importância do ciúme. Na sua opinião, esse sentimento servia de barômetro no cálculo de quanto gostava do companheiro. "Quem não tem ciúme é porque não tem medo de perder, logo não gosta" — creio que a figura disse algo do gênero. Aquele dogma, incisivo e inabalável, atingiu o centro das minhas convicções. Será que o ciúme é um ingrediente indispensável na receita do amor? Por que o manifestamos, tantas vezes, na forma de ataque ou irritação? É inevitável senti-lo?

Sempre me gerou imensa confusão a imposição de regras sobre o outro elemento do casal. Nunca agi assim, nem nunca permiti que o fizessem comigo. Amar tem de coincidir com ser livre. Sempre. Todo o resto são substantivos embaraçosos de baixa qualidade. Digam o que disserem, não passa pela cabeça de ninguém dizer ao outro o que vestir, com quem falar, o que fazer e aonde ir. Da última vez que confirmei, essa era uma das definições de "tirania". Sei que, infelizmente, essa ainda é a realidade de inúmeros casais. Uma música que só toca porque existem duas pessoas dispostas a dançá-la. Um opressor sem alguém disposto a ser reprimido é apenas um pobre desgraçado, envenenado pela própria frustração.

O ciúme foi tão naturalizado pela nossa cultura que, no passado, chegaram a apontar-me o dedo por não senti-lo. Impensável, eu sei. No entanto, existia uma expectativa da minha parceira, provavelmente condicionada por aquilo que vivenciou em casa, de que eu o tivesse. A ideia de que podia gostar dela sem precisar controlá-la não lhe entrava na cabeça, o que não fazia nenhum sentido para mim. Como eu podia demonstrar uma emoção que não era minha? Impossível. Nunca tive jeito para o teatro. Na minha cabeça, ter ciúme é uma forma colorida de dizer que não confiamos na pessoa que alegadamente amamos. Algo que, se olharmos com atenção, veremos que não tem qualquer lógica. Trata-se de um impulso irracional, inteiramente da nossa responsabilidade, mas em que as culpas são rapidamente atribuídas ao alvo desse mesmo sentimento. Se eu gostar de alguém apenas quando se comporta como julgo que deve se comportar, será que gosto da pessoa ou da personagem que ela criou?

A normalização dessa prática faz que relações potencialmente saudáveis se transformem em autênticos infernos. Quem sou eu para querer tolher o outro? Ele não me pertence. E, mesmo que eu tenha a ilusão de que está sob meu controle, se trata apenas disto: uma ilusão. Aqueles que aceitaram viver em gaiolas deixam de ser quem são. Têm o mesmo nome, idade e aspecto, mas representam outra pessoa. Assim como um animal em cativeiro se transforma numa versão adulterada de si mesmo, também um ser humano numa relação desequilibrada, seja qual for a índole desta, passa a ser outro. Não por falsidade ou falta de transparência, mas porque a interação assim o obriga. Cada pessoa com quem cruzamos pode despertar o melhor ou o pior que há em nós.

Se você já sentiu ciúme, te convido a viajar de volta a esse instante. Chegou lá? Ótimo. Aterrisse com calma e, agora, com a ajuda do tempo e da distância, observe friamente a situação. Qual foi sua verdadeira origem? Algo que a outra pessoa fez? Muito provavelmente, não. Você poderia ter evitado aquela situação? Talvez sim. O ciúme é o porta-voz do sentimento de posse e, por norma, apegamo-nos apenas àquilo que temos medo de perder. Receio esse que, por sua vez, se agita com cada uma das nossas inseguranças. Leva-nos a acreditar que não somos suficientemente bons para "segurar" aquela pessoa ou que a nossa felicidade está em suas mãos. Isso também explica tantas gravidezes e casamentos com o objetivo de "prender" a cara-metade. Ao contrário do que se possa pensar, a ausência de possessividade é a mais bonita forma de amor e de respeito. Sem confiança, para que continuar? Quando amamos alguém, desejamos-lhe o melhor. Mesmo que isso implique que siga a vida sem nós. Ao adotar essa perspectiva, o medo de perder e o sentimento de abandono desaparecem. Ninguém nos deixa: as pessoas apenas seguem seu caminho.

DEIXA EU TE FALAR:

Só tenho a mim.
E basta.

HOJE É UM BOM DIA PARA

Aceitar

Aceitar o que não depende de mim.

Aceitar a minha essência.

Aceitar os desafios da vida.

HOJE É UM BOM DIA PARA

Amar

Amar a pessoa que sou.

Amar a vida que tenho.

Amar quem me quer bem.

VOU MUDAR POR VOCÊ

Não devemos ter medo dos confrontos. Até os planetas se chocam e do caos nascem as estrelas.

AUTOR DESCONHECIDO

Como escritor, talvez este seja um dos maiores privilégios que já experienciei: os inúmeros leitores que têm a generosidade de compartilhar suas vivências comigo. Eles me contam os desafios que estão encarando, as conquistas já alcançadas e quanto ainda há por viver. A bolha cresceu e deixei de escrever apenas sobre mim, sobre as inquietações que pairam à volta do meu espírito e sobre como gostaria que o mundo fosse. Recebo outras histórias, experiências distintas e, além disso, contadas na primeira pessoa. Seria um tremendo desperdício receber essas relíquias e não tentar, pelo menos, aprender algo com elas. Por menor que seja a lição, vale sempre a pena a reflexão. E foi precisamente isso que aconteceu com a Andreia.

Com 23 anos e residente nos arredores do Porto, teve a gentileza de partilhar comigo de que forma sua última relação amorosa lhe mostrou que não devemos mudar por ninguém. A Andreia, tal como grande parte de nós, cresceu ouvindo que, por amor, vale quase tudo. A romantização desse conceito a levou a crer que tinha de se adaptar, ceder e até mudar sua maneira de ser a fim de agradar seu parceiro. À primeira vista, e aos olhos da inexperiência, esse conselho parece inofensivo e bastante apelativo. "Amar é satisfazer as exigências do outro." É isso que deduzimos à medida que levantamos a cabeça e olhamos ao redor, à procura de alguém que nos "complete".

    Os opostos não servem apenas para atrair: também conseguem incendiar confrontos, ofensas e mal-entendidos. Tudo começou com a roupa. Andreia deixou de vestir as peças de que mais gostava porque o namorado não aprovava. Algo pequeno e sem grande importância, aparentemente. Essa concessão foi apenas o início. Depois vieram as faltas aos jantares de sábado à noite com as amigas, o cancelamento da academia e o cancelamento das contas nas redes sociais. Tudo para agradar, evitar chatices e ganhar o prêmio de namorada da semana 52 vezes por ano. Infelizmente, essas situações são bem mais frequentes do que imaginamos. Por mais que julguemos que basta prescrever algum bom senso e uma boa dose de amor-próprio, esses casos existem e não escolhem cor, sexo ou classe social. Estão por todos os cantos e ainda pautam o dia a dia de inúmeras relações.

    O "amor" tem o poder de nos obscurecer o juízo e nos levar a tomar atitudes estapafúrdias. Deve ser por isso que dizem que é cego. Não conseguimos nos encontrar e passamos a acreditar que só podemos trilhar nosso caminho na companhia de alguém. Andreia deixou-se levar durante três anos. Foi mais de mil dias cedendo, até que um dia tudo aquilo irrompeu. O corpo começou a pedir ajuda através das noites maldormidas, das manchas na pele e dos vômitos quase diários. O sistema nervoso entrara em falência. Já não havia forma de fingir que estava tudo bem, finalmente tinha chegado ao limite. Foi buscar coragem onde nem sequer sabia que existia, confrontou o namorado e terminou namoro. Era ela ou a relação, e, graças a si própria, fez a escolha acertada.

Em episódios desse tipo, é tentador apontar o dedo para o "agressor". Ora porque rebaixa a sua cara-metade, ora porque faz chantagem emocional. Esse tipo de comportamento é profundamente reprovável — mas as relações também são como a dança: se um não quer, dois não dançam. De forma inconsciente, é quase sempre a vítima que permite que levem sua liberdade. O medo do confronto é muitas vezes confundido com a vontade de agradar. Será que queremos ser realmente simpáticos, ou estamos apenas buscando arrefecer um vulcão prestes a explodir? Já sabemos ser impossível agradar a todas as pessoas. Quanto mais nos revelamos, mais ficam à vista nossos traços de personalidade incapazes de satisfazer as expectativas do mundo inteiro. É assim que as coisas funcionam, e creio que não mudem tão já. A evidência dessa ideia é tanto óbvia como precária, mas mesmo assim é silenciada pelo medo de sermos julgados e jogados para escanteio. A busca de aprovação anda de mãos dadas com o ego frágil enquanto passeiam pelo jardim dos inseguros, onde colhemos atitudes daninhas que vão completamente contra a essência que se encontra enraizada em nós. Qual é o sentido de termos de nos magoar para não magoar o outro? Quantas palavras e emoções ficaram reprimidas por temermos as consequências?

Uma relação saudável e equilibrada também é feita de cessões e discussões, claro. Ser flexível não é sinônimo de incoerência, ao contrário. No entanto, é preciso que existam limites, fronteiras bem definidas e intransponíveis. Necessitamos saber o que é e o que não é aceitável. Evitar os confrontos não os resolve, apenas os adia — e cria um efeito de bola de neve. O que poderia ter sido resolvido hoje, daqui a um ano terá proporções bem maiores. Isso não tem nada que ver com ser conflituoso ou mesquinho, mas sim verdadeiro. Saber o que dizer, quando dizer e, fundamentalmente, como dizer. Podemos sempre oferecer a mensagem que quisermos, mas é preciso escolher bem o modo como o fazemos. Medir as palavras para não extrapolar. Essa postura talvez elimine muitas pessoas da nossa vida, mas pelo menos sabemos que só ficou quem realmente faz falta. A Andreia que o diga.

DEIXA EU TE FALAR:

Não há amor como o primeiro.
Daí a importância do próprio.

"O PROBLEMA NÃO É VOCÊ, SOU EU"

Se tiver problemas com alguém, para resolvê-los basta lhe dar amor e liberdade.

AGOSTINHO DA SILVA

A **primeira desculpa que** qualquer adolescente aprende a dar quando quer fugir de uma relação: "O problema não é você, sou eu." Quem nunca? Essa sempre foi a melhor solução para quem não está interessado em resolver coisíssima nenhuma. Lamento se estou dando *spoiler* para quem ainda está passando por essa fase, mas não tem outro jeito. Tudo começa com a transferência de toda a responsabilidade para nós. Em seguida, encolhemos os ombros como quem diz: "Infelizmente não posso fazer nada". Depois, como estocada final, infligimos uma sensação de impotência na outra pessoa que a leva a nos deixar seguir com a nossa vidinha. Simples, não é? Não exatamente. Apesar de meio esfarrapada, essa argumentação tem uma profundidade bem maior do que imaginamos. Se nos aprofundarmos no tema, descobriremos que o problema nunca está nos outros, mas na forma como os interpretamos. Interpretação essa que é feita utilizando-se parâmetros diversos, como a educação que recebemos, os princípios pelos quais regemos nossa vida e aquilo que almejamos para o futuro. Paternalismos à parte, importa esclarecer que o termo "problema" não se refere a nenhum defeito ou imperfeição. Estou aqui falando de características e particularidades. "Traços de personalidade", se quisermos soar mais eruditos. Resumindo: a forma como vemos e sentimos as coisas é, na verdade, um "problema" nosso.

Na margem oposta, podemos vislumbrar o "os incomodados que se mudem". Um clássico do senso comum. Nesse caso, de forma ardilosa e sutil, botamos a culpa no outro, nos colocando num patamar de superioridade moral para o qual não fomos eleitos. E como somos bons em apontar o dedo para os outros! Em caso de dúvida, a responsabilidade nunca é nossa. Basta sermos atendidos numa loja ou num restaurante e a culpa é sempre da cozinha ou do fornecedor, nunca do cliente. Durante alguns anos, também me dediquei arduamente ao aperfeiçoamento dessa arte. Fantasiado de detetive, procurava obsessivamente responsáveis pelo meu mal-estar. Alguém tinha de ser julgado e responsabilizado pelo mal que me fazia. Deixo apenas uma nota: eu nunca fazia parte da lista de suspeitos. Sei que pode soar suspeito e até ingênuo, mas, do alto dos meus vinte e poucos anos, era o que havia para o momento. Agradeço a compreensão.

O problema sempre foi meu e de mais ninguém. Quando as soluções tardam a aparecer e o desconforto aumenta, tudo que nos resta é confrontar quem encontramos no espelho. Depois de tanta fantasia e negação da realidade, custou-me ainda mais aceitar que era eu quem estava mal. Já não bastava a situação em si, ainda tive de lidar com o fato de me sentir péssimo por tê-la ignorado — "pague três, leve dois". Por mais aspectos negativos que conseguisse identificar à minha volta, ninguém podia sentir aquele desconforto por mim. Ele era só meu. Chega uma altura em que precisamos aprender a investir nossa energia como se fosse dinheiro. Se não está dando retorno, o melhor mesmo é mudar de investimento antes de abrir falência. E isso pode ser mais simples do que imaginamos. Nada que uma boa dose de amor-próprio e uma pitada de pragmatismo não resolvam. Tudo que nos acontece não aconteceria se não estivéssemos capacitados para resolver a situação — essa é sempre a minha convicção.

A partir desse momento, tentei sempre me agarrar somente ao que dependia de mim. E isso se aplica a tudo. Pode ser mais saudável sair de um lugar que nos sufoca do que desperdiçar tempo tentando ampliá-lo. Pode ser mais inteligente mudar de pessoa em vez de mudarmos a pessoa com quem estamos. Não é o mundo que tem de se adaptar a nós. Somos nós que temos de nos adaptar ao mundo. Ele já estava aqui. Sempre esteve. E é quando aceitamos que esse mundo não nos deve nada que podemos começar a receber o que é verdadeiramente nosso.

DEIXA EU TE FALAR:

O problema está em nós.
A solução também.

ACEITA QUE DÓI MENOS

> *O prazer pode se apoiar na ilusão, mas a felicidade repousa na realidade.*
>
> **SÉBASTIEN-ROCH CHAMFORT**

Carl Jung, conceituado psiquiatra suíço, imortalizou seu trabalho ao concluir que tudo aquilo a que oferecemos resistência acaba persistindo. A ideia parece simples e de fácil compreensão, mas uma vida inteira pode não ser suficiente para assimilá-la. Gostamos de nos apegar a expectativas, opiniões e idealismos que nem sempre estão de acordo com a realidade. E é precisamente aí que ficamos desiludidos e entramos num *loop* de negação.

Nesses casos, só existem duas opções: resistir ou aceitar. A primeira hipótese, na maioria das vezes, vai fazer que o problema se perpetue até aprendermos o que temos a aprender. A segunda solução é aquela que nos liberta, é o aperto de mão à realidade que pode nos apaziguar e fazer perceber que, mesmo quando não está, tudo está sempre certo.

Também cresci com essa crença ingênua de que o mundo deveria ser como eu achava. Sim, também batia o pé quando as coisas não eram como eu queria. Criei um retrato mental daquilo que, teoricamente, seria o ideal. Era como se o Universo me devesse algo e tivesse de ir pagando à medida que eu ia cobrando as prestações. Em certo momento, tive de crescer e ver as coisas como elas são, e não como eu gostaria que fossem. Tive de aceitar que meus pais eram como tinham de ser, que meus colegas não iam mudar por minha causa, que meu chefe ia continuar a ser como sempre foi e que a sociedade não estava nem aí para os meus protestos.

Tinha a ilusão de que o bem-estar era algo que vinha de fora para dentro. Acreditava que primeiro precisava moldar o exterior, a meu bel-prazer, para depois, aí sim, viver a derradeira e eterna felicidade. A vida rapidamente se encarregou de me mostrar que não era bem assim. Há milhões de fatores que não controlo nem tenho de controlar. Tudo que me resta é mudar o que depende de mim: a atitude, o olhar e as escolhas. Não me cabe decidir o que é melhor para os outros, até porque nem tenho capacidades para tal.

A "aceitação" é muitas vezes colocada na mesma categoria do "conformismo" e da "apatia". Vivemos na era do "ir à luta", do empreendedorismo e da produtividade, em que "desistir é para os fracos". Todos temos de ser excessivamente ambiciosos, beirando a ganância, temos de ser líderes e conseguir inspirar os outros. Há uma pressão para "ser alguém" que muitas vezes não condiz com quem realmente somos. Mais nem sempre é melhor. Sofremos, lutamos e fazemos sacrifícios desnecessários, até que percebemos que não é por aí. Nesse instante, se soubermos aceitar, leve o tempo que levar, certamente doerá menos. Quando nos magoamos, não temos obrigatoriamente de nos tornar vítimas. É verdade que é o mais fácil e imediato, mas sempre é possível fazer diferente. Podemos assumir o erro sem culpabilização, aprender o que há para aprender — e seguir. Podemos também perdoar o outro, se for o caso. Quem magoa, muitas vezes, está magoado também. Agiu mal porque não soube fazer melhor, pelo menos naquela ocasião. Essas pessoas não precisam de ódio, mas de amor. Perdoar, sim. Esquecer, jamais. Ainda bem que há coisas que doem. Sem elas, não teríamos meios para identificar os problemas. É a dor que nos faz ir ao médico e, tantas vezes, diagnosticar uma doença a tempo de ser curada. É a dor que nos mostra que aquela relação já não é para nós. É a dor que nos faz querer mudar de carreira. É a dor que nos faz adquirir hábitos mais saudáveis. E é quando a abraçamos e aceitamos que ela começa a doer menos.

DEIXA EU TE FALAR:

O objetivo da dor
Nunca foi nos fazer sofrer,
Mas libertar-nos do sofrimento.

O QUE NÃO TEM DE SER
(TAMBÉM TEM MUITA FORÇA)

> *Viver é a coisa mais rara do mundo.*
> *A maioria das pessoas apenas existe.*
>
> OSCAR WILDE

Por mais adaptações que façamos em nosso comportamento, a necessidade de nos sentirmos integrados na sociedade ainda corre no DNA de cada um de nós. Em tese, e por vezes também na prática, é em grupo que somos mais fortes. "Sozinhos podemos ir mais depressa, mas em conjunto chegaremos mais longe" — é assim, não é? Como é lógico, estarmos inseridos numa tribo com a qual nos identificamos tem suas vantagens. A grande questão é que, até conseguirmos escolher a nossa tribo, temos de nos ajustar ao grupo que nos coube. Ninguém pode escolher a família nem a sociedade em que nasce.

Esta semana recebi uma mensagem de uma leitora, a Lara. Depois de ter finalizado a leitura do meu livro anterior, ela teve a gentileza de compartilhar sua opinião comigo. Atravessando um período delicado — a transição do ensino médio para a faculdade —, disse-me que se sentia esmagada pelas expectativas da família e dos amigos. Por ser uma aluna com boas notas, esperavam que já tivesse escolhido o curso, de preferência algum com muita saída e imensa entrada de dinheiro. Algo que, em tese, deveria ser um momento entusiasmante mostrava-se um tremendo tormento. Quantos jovens de 18 anos são capazes de resistir a essa expectativa? Quantas mulheres não querem ser mães e acabam sendo porque "tem de ser"? Quantas pessoas sucumbem à perfeição das redes sociais porque "supõe-se" que devemos ter uma vida perfeita?

A pressão social existe desde sempre. Talvez agora seja mais evidente graças a todos os canais de comunicação existentes. É uma guerra fria que paira entre as nossas interações e, a qualquer momento, pode nos queimar. Existe uma linha imaginária que separa quem realmente somos de quem achamos que devemos ser. Para os mais rebeldes, fiéis à sua essência, normalmente apelidados de doidos, talvez seja fácil fugir à regra sem que sejam apanhados. Sua aparente "inconsciência" os fortalece e eles conseguem lidar com eventuais efeitos secundários. No entanto, a verdade é que a maioria das pessoas pertence ao grupo dos "certinhos". E isso se explica com um simples argumento: quem cumpre é (aparentemente) recompensado.

Estamos todos preocupados em agradar. Queremos ser o filho perfeito, a mãe exemplar, o pai ideal, o cônjuge insubstituível ou o colaborador do mês, todos os meses. Nessa ânsia de sair bem na foto, quase sempre nos esquecemos de prestar atenção em alguém muito importante: nós. Existe uma grande diferença entre sermos bons e sermos bonzinhos. A segunda opção pode parecer a mais fácil, mas é também aquela que por norma nos conduz a um beco sem saída.

As expectativas depositadas em nós são como um insulto: se não reagirmos, perdem imediatamente a importância. De nada serve ficarmos à espera da compreensão de quem nos rodeia para que possamos fazer algo. As condições ideais nunca vão existir. Se a erva daninha ficasse esperando que a adubassem para crescer, jamais teria visto a luz do dia. Antes de dizermos que a sociedade ainda não está preparada ou que ninguém nos apoia, talvez seja mais proveitoso questionarmos a força daquilo em que acreditamos. Até onde estamos dispostos a ir pelas nossas convicções? Já fizemos tudo que estava ao nosso alcance? Queremos mesmo isso? A "sociedade", seja ela qual for, não pode servir de esconderijo para nossos receios e inseguranças.

Mais à frente, a Lara confidenciou-me que já sabia que curso preferia. Escolheu por si, sem a culpa habitual de quem não corresponde às expectativas dos outros. Se continua com dúvidas? Claro que sim! Mas quem foi que inventou que temos de ter certeza sempre?

Não tenhamos ilusões. Essa estrada tem buracos, curvas acentuadas e falta de sinalização. Tudo vai depender do veículo e do combustível com que o alimentamos. E, mesmo que o destino tarde a chegar, pelo menos teremos certeza de que a viagem é nossa.

DEIXA EU TE FALAR:
Você já é alguém na vida.
Na verdade, sempre foi.

A RECEITA

> *Os sapatos que ficam bem numa pessoa são pequenos para outra. Não há uma receita para a vida que sirva a todos.*
>
> **CARL JUNG**

"**Eu só quero ser feliz.**"

Em algum momento da vida, todos já pronunciamos essas palavras. Muito provavelmente, foi num momento em que as coisas não iam tão bem e precisávamos desabafar. Nessa frase, o advérbio "só" pode nos induzir a um tremendo erro. Pode dar a ideia de que a felicidade é apenas um direito inerente à nossa existência e que basta respirar para que possamos alcançá-la. Mas não é bem assim, certo?

Em 2016, despedi-me de um emprego no mundo corporativo. Eu era funcionário e ganhava bem. Aparentemente, tratava-se do cenário ideal, pelo menos para quem estava à minha volta. No entanto, como todos nós, eu só queria ser feliz e não conseguia. Faltava algo. Não havia entusiasmo nem alegria, tampouco aquele brilho nos olhos. O piloto automático tinha assumido o comando e eu sem saber bem o que estava fazendo aqui. Saturado da mediocridade na qual tinha transformado a minha vida, decidi despedir-me. Queria sair daqui, ver outras realidades e tentar descobrir o que poderia fazer de útil com esse período entre o nascimento e a morte.

Surgiu a oportunidade de ir fazer voluntariado de longa duração em Tarrafal, Cabo Verde. E assim foi. Fui trabalhar com crianças e jovens, e, quando dei por mim, tinha trocado as planilhas de Excel e as reuniões intermináveis pelas explicações de matemática e as peladas até o sol se pôr. Foram tempos incríveis e profundamente transformadores. Sem essa experiência, muito provavelmente eu não estaria aqui falando com você.

Assim que regressei, algumas pessoas começaram a se aproximar para saber mais sobre a aventura. Sentiam-me mais leve, sereno e feliz. Era um misto de admiração e "inveja". Em busca de resultado semelhante, uma delas em particular disse-me que faria o mesmo que eu. Tínhamos a mesma idade e situações profissionais semelhantes; portanto, era só aplicar a receita. O que poderia dar errado? Quase tudo.

Despediu-se do emprego estável e foi exatamente para o mesmo lugar a que eu tinha ido. Fez as mesmas atividades e, apesar de mais velhas, as crianças também eram as mesmas. Ele seguia todos os passos da receita que eu tinha utilizado, tintim por tintim.

Quando voltou a Portugal, decidimos nos encontrar. Eu estava bastante curioso para saber como tinha sido e como ele se sentia. Conversa posta em dia e ele me diz algo que nunca mais esqueci: "A experiência foi boa, mas não sinto que tenha me mudado como mudou você". Havia desânimo no seu tom de voz, quase como se tivesse sido vítima de uma fraude. Fraude essa que ele próprio acabou por criar ao partir para aquela experiência com tantas expectativas.

Iludimo-nos ao acreditar que há uma receita para a felicidade. Para reduzir o risco e a incerteza, procuramos atalhos e caminhos já percorridos. Queremos que nos digam o que fazer, para onde ir e quando avançar. Num trajeto tão único e pessoal, não é possível dividir responsabilidades. Temos de assumir 100% das decisões que tomamos. E, antes de fazê-lo, é crucial olhar o que acontece dentro de nós. O que sentimos, por que sentimos e quem queremos ser. E isso dá trabalho, muito trabalho.

A (sua) receita para a felicidade é você quem cria do zero. É preciso saber de que ingredientes você é feito e quantas panelas estão à sua disposição. Não basta ver palestras no YouTube, ter um *coach* ou ler *Os 10 passos para a felicidade*. Claro que isso pode ajudar, sem dúvida. No entanto, a maior contribuição deve vir de você. É preciso arriscar e estar disposto a cair. É preciso passar pelas experiências e senti-las na pele. É daí que vêm a sabedoria, a evolução e, quem sabe, a felicidade.

DEIXA EU TE FALAR:

Se você não fizer seu caminho,
Ele nunca existirá.

ADMITA DE UMA VEZ POR TODAS

Na vida, nada deve ser temido,
apenas compreendido.
MARIE CURIE

Há uns anos, numa daquelas lojas *vintage*, decidi comprar uma peça de decoração. Era uma placa metálica, das que se veem muito por aí, com frases engraçadas. Na verdade, ela fugia um pouquinho à regra, pois se tratava mais de um gráfico, de um esquema decisório. O ponto de partida é a pergunta: "Você está feliz?" Em caso afirmativo, o passo seguinte nos diz para continuarmos a fazer o que estamos fazendo, e o assunto acaba aí. Se respondermos negativamente, passamos para a seguinte questão: "Você quer ser feliz?" Embora a opção pareça óbvia, há o caminho do "sim" e o do "não". Se preferirmos continuar tristes, a seta indica-nos a última parada do primeiro cenário: "Continue a fazer o que está fazendo". Por outro lado, se ambicionamos uma vida mais alegre e realizada, somos aconselhados a mudar algo. Essa mudança não precisa ser palpável. Por vezes, basta-nos alterar a forma como observamos aquilo que sentimos.

Toda manhã, logo que acordo, a primeira parada é sempre a mesma: o banheiro. Foi aí que decidi afixar esse "quadro", para relembrar, diariamente, a importância das minhas escolhas. A imagem é muito simples — tão simples que acaba se tornando bastante profunda. Logicamente, todos desejamos ser felizes. Mas quantas vezes as decisões que tomamos estão alinhadas com essa mesma intenção? Não basta desejar, é preciso fazer algo por isso. Só há uma pessoa capaz de nos impedir de tentar ser felizes: nós. Mais ninguém tem esse poder.

O amanhecer nem sempre foi fácil. Tive dias em que a resposta à pergunta "você quer ser feliz?" era negativa. É difícil admitir que não estamos bem. Não por ser complicado chegar a essa conclusão, mas porque dói reconhecer que falhamos. Nosso estado atual é consequência das decisões que nos levaram até aquele instante. Quando a soma não é positiva, o responsável é apenas um. Podemos tentar inventar mil e uma desculpas, inúmeras razões que nos obrigaram a chegar ali, e apontar o dedo aos atores secundários da nossa vida. Nada disso mudará a infelicidade entranhada em cada pensamento. A "culpa" é sempre nossa. Consciente ou inconscientemente, escolhemos ser aquela pessoa. Assim que decolamos do planeta da vitimização, abre-se uma janela. Temos a oportunidade de admirar uma vista nunca antes vislumbrada. Isso só é possível porque reconhecemos o problema. Sem admitir sua adição ao álcool, como um dependente da substância pode se tratar? Sem assumir que sofre de violência doméstica, como uma pessoa pode terminar a relação? Sem aceitar que está infeliz, como é que alguém pode mudar? Acima de tudo, merecemos (e precisamos) ser honestos conosco. Da mesma forma que um sucesso não nos transforma em pessoas bem-sucedidas, falhar também não nos converte automaticamente em fracassados. São coisas distintas. Errar pode ter um valor tremendo, desde que haja predisposição para observar o que se passou. À custa desses mesmos erros, temos a oportunidade de crescer, aprender e adquirir uma sabedoria de difícil acesso caso corresse sempre tudo bem.

Sou uma pessoa que se impressiona com facilidade, daí ter alguma aversão a ambientes hospitalares. Nos filmes, tudo que contiver agulhas ou corpos mutilados... prefiro não olhar. A minha decisão de virar a cara não impede que aquela ação se desenrole, apenas não a vejo. Podemos transportar essa ideia para a vida. Todos carregamos feridas, algumas abertas, outras já cicatrizadas. Não há processo químico que nos ofereça uma vida mais plena se juntarmos ignorância com infelicidade. Precisamos pôr o dedo na ferida, não para magoar ainda mais, mas porque ela tem de ser desinfetada. Fingir que está tudo bem pode servir para enganar muitas pessoas — não digo o contrário. No entanto, de que nos serve parecer se não estamos realmente bem? Continua a doer — e a mágoa é bem real.

Esse é um caminho que ninguém pode fazer por nós. Para ser "bem-feito", não há alternativas. Ainda assim, nada nos impede de procurar auxílio. Pedir ajuda não é apenas um gesto de humildade e de reconhecimento da própria vulnerabilidade. É também uma forma de amor e de generosidade. Regra geral, as pessoas gostam de se sentir úteis e prestáveis. Isso lhes dá uma sensação de propósito e de missão. Por que não colocar o orgulho fora da equação e receber o cuidado de quem quer ajudar? Todos ganham. Os que precisam e os que querem ajudar. O valor do sucesso não depende do número de envolvidos. Aquilo que conta é o resultado final.

Toda manhã, assim que você acordar, dedique um minuto do seu tempo à auto-observação. Você dormiu bem? Gosta do seu quarto? Se sente bem com a(s) pessoa(s) com quem vive? Trabalha em algo que lhe faça sentido? Sente gratidão pela vida que leva? O que você mudaria? Bem, as perguntas são infinitas.

Acima de tudo, aproveite para refletir. Não tenha medo das respostas. Estas não devem ser julgadas, apenas apreciadas. Faça o que estiver ao seu alcance e nunca se queixe. E — caso não se sinta feliz — tente mudar algo. Não há garantias de que dê certo, mas pelo menos você aprenderá algo novo.

DEIXA EU TE FALAR:

Sem abrir a porta
Como é que você vai entrar?

TOLERÂNCIA

A tolerância é a caridade da inteligência.
JULES LEMAÎTRE

Há cerca de duas semanas, fui a um restaurante que deixou muito a desejar. Não gostei nada da experiência! Agora se espantem com a atitude que tomei. Sabem o que fiz para mostrar meu desagrado? Algo bastante complexo e exigente: nunca mais voltei lá. Impressionante, não? Claro que também poderia passar por ali todos os dias insultando o dono, mas isso ajudaria o estabelecimento a melhorar? Não acredito.

Infelizmente, muito da sabedoria popular se perde com o tempo. E talvez um bom exemplo disso seja: "Se você não gosta, não coma". As redes sociais tornaram-se o palco principal em que o ódio, o preconceito e o *bullying* entram em cena diariamente. É fácil e grátis. Os famosos *haters*, entrincheirados no teclado, procuram sentir-se melhor disparando contra a autoestima dos outros. Sabe por que isso não adianta? Porque se funcionasse já teriam parado de fazê-lo há muito tempo.

Aproveitando o exemplo do restaurante, voltemos à vida palpável. Na busca de felicidade, prazer e bem-estar, há quem procure passar tempo de qualidade com as pessoas que ama ou aprender o máximo possível para poder crescer e evoluir. Se, nesse aspecto, a internet pode também servir de facilitador, faz algum sentido que sigamos exatamente no sentido oposto? Provavelmente, não.

Ninguém hesita em dizer que a vida é curta e, ainda assim, há quem consiga encontrar tempo para odiar absolutamente tudo. Sejam vídeos no YouTube, fotografias no Instagram ou publicações no Facebook. Minha pergunta é apenas uma: por que não direcionam essa energia para aquilo de que gostam? Os *emojis* para elogiar estão ao lado dos outros; não custa nada e ainda fazem alguém feliz.

Parece que hoje em dia todos precisam ter uma opinião assertiva, fixa e inalterável. Como se essa fosse a derradeira validação de uma personalidade forte. Qualquer pessoa tem algo a dizer sobre qualquer coisa, mesmo que não tenha nada que ver com isso — das questões ambientais ao fato de Maria ter decidido não ter filhos. São peritos em tecer julgamentos. Claro que é perfeitamente natural que tenhamos nosso ponto de vista — ninguém diz o contrário. Deixa de ser saudável a partir do momento em que queremos impor a nossa perspectiva, na tentativa de conquistar o espaço do outro. No local onde guardamos os segredos, bem podíamos guardar também algumas opiniões, não é?

Aqui entra também o excesso na manifestação das preferências. Hoje em dia, ou se ama ou se odeia, ou se adora ou se detesta. O "gostar" e o "não gostar" perderam-se no vale do bom senso, onde outrora se podia dar opiniões sem que se fosse linchado por isso. Os justiceiros das teclas policiam de forma impiedosa a liberdade de expressão, não dando chance a quem está à margem da sua forma de "pensar". É esse o legado que queremos deixar aos nossos filhos? Talvez não. Estamos fazendo alguma coisa para mudar o rumo das coisas? Também não.

Circula também, de forma consensual, a opinião de que as crianças são más. Entendo o sentido, embora não acredite que o sejam, mas que tenham, isso sim, atitudes que revelam lacunas na sua educação. A diferença é que antigamente uma "criança má" só conseguia sê-lo para vinte ou trinta colegas na escola. Hoje, o recreio é bem maiorzinho, e por isso vemos inúmeros adolescentes com milhares de seguidores. Como bem sabemos, esse período da vida desempenha papel crucial na sua formação. Posto isso, estará uma criança de 13 anos emocionalmente equipada para lidar com o famoso *hate*? Tenho sérias dúvidas.

Como a maioria das pessoas, todos os dias assisto a algo com que não me identifico, seja no mundo material, seja no digital. Tento não me deixar levar pela tentação de criticar ou de reagir. Não só pelos outros, mas fundamentalmente por mim. Se eu perder a cabeça cada vez que alguém diz ou faz um disparate, isso não vai me fazer bem. Se eu invejar alguém por aparentemente estar melhor na vida do que eu, isso não vai me fazer bem. Se eu destruir alguém nos comentários, isso também não vai me fazer bem. Como tão bem dizia Buda, odiar alguém é o mesmo que tomar um veneno e esperar que outra pessoa morra.

Da mesma forma que não é por insultar um racista que ele vai deixar de sê-lo, também um *hater* já tem ódio suficiente. Portanto, na dúvida, responda com amor. Você acertará sempre.

DEIXA EU TE FALAR:

É possível
Não gostar
Sem odiar.

**HOJE É
UM BOM DIA
PARA**

Desistir

Desistir do que não é bom para mim.

Desistir de ser quem não sou.

Desistir de mudar os outros.

**HOJE É
UM BOM DIA
PARA**

Escutar

Escutar minha voz interior.

Escutar a natureza.

Escutar antes de responder.

"DIGO O QUE ME DÁ NA TELHA"

> *Os adversários acreditam que nos refutam
> quando repetem a própria opinião e não
> consideram a nossa.*
>
> GOETHE

Embora eu seja assumidamente contra qualquer tipo de censura, pego-me questionando: estamos aptos a usufruir da nossa liberdade de expressão? Esse direito, conquistado há quase cinquenta anos[3], atravessa hoje uma crise de meia-idade, que se reflete na inaptidão para discutir os temas que estão na ordem do dia. Ainda se confunde a arma da voz com "dizer o que me dá na telha". Hoje, andamos todos aos gritos, competindo para ver quem ganha. Seja nas redes sociais, na mídia ou num dos 72 grupos de WhatsApp em que estamos. Ninguém se entende, e isso talvez seja fruto do bairrismo com que assumimos nossas posições. Somos nós contra eles. A resistência ao ponto de vista do outro encarna num fanatismo alienado que impossibilita qualquer entendimento. Será possível obtermos um resultado diferente se continuarmos a insistir nesse *modus operandi*?

---

3. O autor se refere à ditadura salazarista, que subjugou os cidadãos portugueses de 1933 a 1974 e foi derrubada pela Revolução dos Cravos, movida por forças populares. [N. E.]

Durante um período da minha vida, ter razão era uma das coisas mais importantes para mim. Queria provar que estava certo a todo custo. Genuinamente (e com alguma ingenuidade também), acreditava que provar o meu ponto de vista era essencial para me afirmar. Mesclava minhas opiniões com minha identidade, daí ficar tão ofendido quando alguém discordava do que eu dizia. Por experiência própria, posso garantir que essa é das piores formas de desperdício de energia. Eu ficava exausto tentando convencer os outros e sentia uma amargura inimaginável.

A melhor forma de garantirmos que não vamos conseguir transmitir nossa mensagem é rebaixar a posição do outro. É aqui que o caldo entorna e afoga qualquer remota esperança de entendimento. A ofensa gratuita vulgarizou-se e o acesso a um teclado revelou o caráter de muita gente pretensamente "normal". Não quero generalizar, mas o que vejo nos comentários de *posts* é um excelente barômetro da frustração travestida que anda por aí. A pessoa que nos cumprimenta de forma simpática na rua é a mesma que destila ódio numa publicação qualquer do Facebook. Até quando vamos aguentar essa panela de pressão esquizoide? Isso sempre me remete ao habitual espanto das pessoas assim que tomam conhecimento do ato hediondo do vizinho ao lado: "Mas ele era tão boa pessoa..."

Mais do que nunca, questões bastante pertinentes estão postas na mesa: o racismo, a sustentabilidade, os direitos das mulheres, entre outras. Por serem temas *trend*, todos procuram ter uma opinião. Mais ou menos bem fundamentada, o que importa é ter o que dizer. Como em todas as modas, ninguém quer ficar de fora. Levando em conta que poucos são aqueles que de fato se debruçam sobre a situação, isso acaba originando discursos frágeis e malfeitos. Nessas ocasiões, em detrimento do estudo, da reflexão e da humildade, assistimos a uma tendência para o levantar da voz, para a agressividade desproporcional e para a desonestidade intelectual.

É tentador pôr a nossa opinião à frente da boa educação, do civismo e da empatia. Mais uma vez, somos nós contra eles. Sentimos necessidade de içar uma bandeira que nos faça sentir zés-alguéns, mesmo que o estandarte não seja o nosso. Acredito que a polarização no debate constitui apenas um reflexo do caos interno de cada um. Ainda não organizamos nossa casa e já queremos arrumar o mundo. Não é assim que as coisas funcionam — e o resultado está óbvio.

Ser assertivo é diferente de ser agressivo. Ter convicções fortes não pode turvar nossa capacidade de dar o braço a torcer. Em vez de discutirmos para elevar as metas coletivas, estamos mais preocupados em brincar de "eu estou certo e você está errado". As coisas não seriam diferentes se aceitássemos aqueles que têm um ponto de vista distinto do nosso? Não digo concordar, nem se resignar, mas simplesmente chegar à conclusão de que sempre haverá pessoas com ideologias diferentes. É algo inevitável. Por mais detestáveis que sejam as suas posições, não é com ódio e ridicularização que vamos cultivar a harmonia.

Ignorância não se combate com mais ignorância. Violência não se resolve com guerras. A mudança acontece quando nos colocamos no lugar do outro e tentamos entender os passos que o levaram até ali. Só assim conseguiremos chegar a algum lugar.

DEIXA EU TE FALAR:

Algumas pessoas
Dizem o que pensam
Mas não pensam
No que dizem.

"ISSO NÃO VAI FICAR ASSIM"

> A melhor forma de se vingar
> de um inimigo é não se
> parecer com ele.
>
> MARCO AURÉLIO

É impressionante a quantidade de homicídios que acontecem por vingança. Todos os dias vemos notícias sobre alguém que decidiu matar outra pessoa por retaliação. Isso acontece entre amigos, casais, familiares ou vizinhos. Quão descontrolados precisamos estar para cometer um ato desses? Recentemente, li também uma matéria que relatava a história de uma comunidade na qual eram comuns os ajustes de contas intergeracionais. Por exemplo, se há duzentos anos um familiar tivesse prejudicado alguém de outro clã, ainda hoje, passados dois séculos, eu poderia correr risco de vida — completamente surreal! Em maior ou menor escala, qualquer ser humano pode se deixar possuir pelo ódio e pela raiva. Sentimentos pesados demais para que se guardem dentro de nós. Daí essa necessidade de entrar em erupção e queimar aquele que julgamos ser culpado.

Reconheço em mim um sentido de justiça apurado. Sempre procurei ser o mais correto possível, para tentar promover um equilíbrio saudável entre o que faço e o que deixo que me façam. Logo que identifico uma falha nessa harmonia idealizada, tento agir de imediato e repor a verdade. Durante bastante tempo, julguei ser necessário reagir a tudo. "Como é possível alguém me dizer isso?" "Nem pensar que essa atitude vai passar em branco!" "Quem ri por último ri melhor!" Enfim, eu era desnecessariamente impulsivo. Ficar sem responder não constituía sequer uma possibilidade. Permanecer quieto e resistir à tentação da reação parecia algo absurdo. Ficar calado só podia ser sinônimo de concordância. Só de pensar nessa opção, meu ego definhava de tal forma que nem valia a pena dar o benefício da dúvida.

Nas relações amorosas, nas quais a intensidade dos diálogos pode atingir níveis indesejáveis, essa postura se tornava ainda mais evidente. Quem cala consente, não é? Se a minha companheira dissesse algo que me incomodasse, eu sentia necessidade de responder de forma igual ou pior. Era automático, eu nem parava para pensar. "Se você me magoou, tudo que me resta é magoar você também." Era assim que eu pensava. Felizmente, nunca em proporções de que me arrependa. Era uma retaliação constante que nada resolvia, ao contrário. Na minha cabeça, eu achava que estava sendo justo e fazendo o que era mais acertado. No entanto, agora vejo que na maioria das vezes eu estava apenas bancando o "ofendidinho". Valerá a pena levar tudo a ferro e fogo?

Cada coisa tem a importância que lhe atribuímos. Sempre que alguém nos insulta verbalmente, temos a opção de não responder; instantaneamente, o alvo dessas injúrias desaparece. Sem interlocutor, aquela agressão verbal transforma-se apenas num monólogo frouxo e descabido. Por outro lado, se mordemos a isca e tentamos eliminar o outro com o que nos sai pela boca, colocamos tudo a perder. Ao observarmos com atenção, podemos concluir que reagir, de certa forma, é deixar em aberto a hipótese de o outro estar dizendo a verdade. O trânsito é um excelente exemplo disso. Se passarmos a responder à frustração de cada condutor, o que ganhamos com isso? Nada de bom, apenas irritação. Isso ainda se torna mais ridículo quando concluímos que o alvo não é a nossa pessoa, mas sim o condutor daquele veículo, que, por acaso, somos nós. Poderia ser outro carro qualquer: as ofensas seriam disparadas da mesma forma.

A partir do momento em que passamos a valorizar mais a paz de espírito, ganhamos consciência do que merece verdadeiramente nossa energia. Sermos seletivos abre espaço para construir algo, em vez de tentarmos apenas destruir a opinião alheia. É ignorância da nossa parte acreditar que vamos nos sentir melhor por magoar alguém. Seja o que for, não importa. Tanto num comentário mais ríspido nas redes sociais, como numa agressão física. Depois de uma vingança, rapidamente se esvai o pouco alívio que se possa sentir — e tornamo-nos ainda mais vazios. A escuridão que motivou aquela reação não vai a lugar nenhum enquanto mantivermos tal atitude.

Requer bem mais coragem escolher do que simplesmente responder no mesmo nível. A prática do perdão também nos liberta de muitos pesos desnecessários. A ciência tem mostrado que o perdão pode levar a benefícios profundos na saúde, inclusive redução de dor nas costas e aumento da performance física. É capaz, ainda, de melhorar a saúde cardíaca e ampliar os sentimentos de felicidade. E o melhor de tudo é que só dependemos de nós mesmos para fazê-lo.

Podemos começar agora mesmo. Em casa, no trabalho, na rua ou no trânsito. Ser agradáveis, gentis e bem-educados uns com os outros. Será assim tão complicado? O que nos impede de agir de forma diferente? Nada, rigorosamente nada. É tempo de focarmos mais em matar a sede de viver do que a sede de vingança.

DEIXA EU TE FALAR:

Quem responde
Na mesma moeda
Perde tempo
Contando troco.

SOBREVIVER JÁ NÃO BASTA

> *Quem quer que seja que não viva em poesia*
> *não consegue sobreviver no mundo.*
>
> **HALLDÓR LAXNESS**

A sobrevivência sempre foi a derradeira missão de qualquer ser vivo. Aguentar o máximo de tempo possível neste planeta, de preferência sem passar por grandes necessidades. É esse o programa que corre no nosso DNA e nos liga ao resto dos animais e plantas. Talvez seja por isso mesmo que, durante séculos, sobreviver acabava sendo sinônimo de viver.

Essa transição é bastante recente. Ao falar com pessoas mais antigas, o recado é quase sempre o mesmo. Dizem-me para arranjar um trabalho que pague em dia, que tenha uma casa grande e acumule o máximo de patrimônio possível. Colocam as fichas todas no conforto de uma vida abastada, pelo menos no que toca ao aspecto material. Deixam de fora da equação incógnitas como felicidade, espiritualidade e paz. Serão suficientes um teto enorme, comida em abundância na mesa e roupa de marca lavada?

Logicamente, essas não são palavras de ingratidão para aqueles que estão aqui há mais tempo. Muito pelo contrário. A sabedoria que veiculam é fruto das suas vivências, das dificuldades que sentiram e da educação que receberam. Quando existem carências alimentares, é natural que a comida se torne prioridade. Quando entra chuva pelo telhado, é óbvio que o teto será a nossa preocupação número um. Mas, assim que conseguimos salvaguardar essas bases, fará sentido continuarmos obcecadamente preocupados com elas?

Sinto que existe uma defasagem entre a educação que recebemos e a realidade com que deparamos. Tenho 31 anos e, como qualquer pessoa da minha geração, cresci ouvindo que o importante era "escolher" um curso, de preferência com bastante empregabilidade e que pagasse bem. Nunca ninguém nos disse para irmos atrás do que nos faz felizes. O caminho da felicidade e da realização pessoal era uma espécie de jornada do herói, cheia de riscos tremendos e peripécias quase insuperáveis. Obviamente, era tudo amor. Pais e avós tentam sempre fazer o melhor que podem e sabem, o que não quer dizer que seja o mais indicado.

Quiseram que fizéssemos o que alguns deles não tinham conseguido fazer. Ficaram orgulhosos por termos ascendido na pirâmide social, vingando-se dos tempos em que apenas 3% dos portugueses tinham licenciatura. O "problema" é que agora qualquer um tem um curso superior, e as regras do jogo voltaram a mudar. Muitos vivem na frustração de não conseguir aplicar seu vasto currículo. Outros prosperaram na carreira, ganham bem, têm carro da empresa e um seguro-saúde que os protege de tudo, menos deles próprios. Chegaram ao topo da montanha e a paisagem não era o que esperavam. Sobrevivem à vontade, mas não se sentem verdadeiramente vivos.

Citando o músico Slow J, uma boa vida já não basta, precisamos construir uma vida boa. As conquistas materiais ocupam, embriagam e ofuscam a lucidez. Obviamente são importantes e fazem parte dessa experiência terrena. No entanto, não é aí que reside a plenitude. Precisamos nos transcender. Não obrigatoriamente numa vertente religiosa, mas antes espiritual. Carregamos âncoras que nos impedem de voar, que nos prendem ao medo de não conseguirmos sobreviver. Vivemos depressa. Escravos de uma realidade da qual também somos cúmplices. É tempo de admitirmos que aquilo que nos preenche pode não coincidir com aquilo que nos rodeia.

Avalie se todos os medos que você sente são verdadeiramente seus ou se você apenas os herdou. Pode ser uma viagem dolorosa, mas necessária. Nosso propósito não se resume à busca do conforto excessivo e à tantas vezes infundada luta pela sobrevivência. Há mais. Muito mais.

DEIXA EU TE FALAR:

Na vida,
Não se trata de existir,
Mas de viver.

MONTE AGUNG

> *O horror visível tem menos poder sobre*
> *a alma do que o horror imaginado.*
> **WILLIAM SHAKESPEARE**

Uma das minhas grandes paixões é viajar. Fascina-me tudo que envolve entrar num avião. Ainda hoje, sinto-me uma criança sempre que entro num aeroporto. Há uma espécie de aura mágica naquele espaço, onde se cruzam tantos caminhos, oriundos de incontáveis lugares e com destinos tão diferentes. Mesmo depois de saber o horário e qual é a porta de embarque, continuo namorando o painel informativo. É um amor à primeira vista que se repete a cada piscar de olhos. Imagino-me entrando num voo que não o meu e sinto como tudo poderia ser diferente. Isso para não falar da harmonia das rodas dos carrinhos de bagagem, dos passaportes sempre à mão, dos uniformes das diferentes companhias aéreas e do melhor: o momento em que decolamos e percebemos que podemos voar sem bater as asas.

Fazia alguns anos que a Indonésia tinha entrado para a lista de destinos a visitar. As razões dessa escolha eram óbvias, sendo os únicos impedimentos o preço do voo e as horas necessárias para chegar lá. Em dezembro de 2019, finalmente, surgiu o momento ideal para voar até a ilha de Bali. Um casal de amigos estava percorrendo vários países do Sudeste Asiático e, antes da sua partida em maio, fiz a promessa de ir visitá-los. A ideia seria explorar ao máximo aquela região durante cerca de vinte dias.

Como é do conhecimento público, até porque as poucas notícias que passam na televisão estão relacionadas com isso, a Indonésia está situada numa zona bastante propícia a terremotos, tsunamis, tempestades e erupções vulcânicas. O medo nunca me impediu de viajar. Cerca de dois anos antes, visitei o Irã e logo cheguei à conclusão de que nunca é tão perigoso como imaginamos. Somos facilmente manipulados pelas imagens que nos chegam. De forma sutil, cria-se a ilusão de que alguns lugares são apenas tragédia, terror e tristeza. Os riscos existem, como em todo lado. Por exemplo, nunca fui assaltado fora de Portugal. Na verdade, das poucas vezes em que passei por uma experiência dessas estava bem perto de casa. Meu verdadeiro receio sempre foi o de deixar de descobrir por ter medo do que vou encontrar. Isso, sim, seria trágico.

Foram dias incríveis naquele paraíso de clima tropical, rodeado de pessoas felizes por nos receber. O roteiro incluía paradas em diversas localidades. No meio da viagem, chegamos a Amed, situada na costa leste da ilha. Ao nos aproximarmos, reparamos num monte enorme, majestoso e de forma triangular quase perfeita. Ficamos curiosos e, antes sequer de entrar no Google, aguardamos o *check-in* no alojamento para receber uma explicação mais pormenorizada. Não por acaso, as boas-vindas aconteceram no terraço do edifício, com vista para a tal elevação. Após saber o horário do café da manhã e quais os melhores restaurantes na região, estendi o dedo indicador, apontei o horizonte e perguntei como se chamava aquele monte tão imponente. O proprietário estava de costas, o que o obrigou a dar um giro de 180° para ver do que eu falava. No entanto, ainda antes de se torcer por completo, exclamou: "Ah! É o Agung!" O tom familiar e amistoso com que falou trouxe-me alguma serenidade. Seu discurso deu a entender que o monte era acarinhado pelas pessoas, talvez por ser uma atração turística. Assim que o senhor decidiu complementar a explicação, o sorriso de quem acabara de aprender algo novo foi prontamente substituído por certa apreensão. Dois anos antes, em 2017, o Agung entrara em erupção, levando à retirada de milhares de pessoas. Afinal, não se tratava de um simples monte; estávamos perante um vulcão com 3 mil metros de altitude. Por alguns momentos, não quis acreditar. Julguei que seria um daqueles mitos para assustar turistas e proporcionar uma agradável brincadeira. Antes que a dúvida se alastrasse, surgiram de imediato inúmeras provas. Um celular de tela estilhaçada guardava as recordações do acontecimento. Era uma galeria cheia de fotografias daqueles dias de fumaça, cinza e lava. De repente, os 20 quilômetros que nos separavam daquele gigante adormecido encurtaram. Percebemos que, a qualquer momento, o vulcão podia voltar a acordar. A única diferença seria ver o "espetáculo" da primeira fila, em vez de pela televisão. O que, logicamente, não estava nos nossos planos.

Por alguns instantes, minha veia aventureira murchou. As catástrofes naturais deixaram de ser algo que só acontece aos outros. Eu tinha uma testemunha ao meu lado, relatando aquele período cinzento com pormenores ao alcance somente de quem viveu a situação em primeira pessoa. O que ainda me deixou mais inquieto foi a leveza, a tranquilidade e a naturalidade com que o homem falava do incidente: parecia estar comentando sobre pequenas cheias ou simples ventos fortes, nada demais. Estavam reunidas todas as condições para deixar a imaginação voar e começar a arquitetar um plano de fuga. Lancei-lhe uma lista de questões relacionadas com a origem da sua serenidade. Como era possível não sentir medo, estando ali tão perto? Por que razão eu me sentia mais assustado do que ele? Aquele sentimento de normalidade não cabia em mim. De que forma podemos dormir descansados, sabendo que o perigo espreita? Quando arrumei meu inglês meio embrulhado e pouco preciso, o senhor apenas respondeu: "Nós aqui já estamos habituados".

Por piores que sejam as experiências que vivemos, todas trazem consigo a valiosa vantagem da familiaridade. O medo do incerto e do inóspito sobrepõem-se sempre ao que já se conhece. Se fizermos a nossa parte, a experiência vivida pode ser compreendida e transformada em lição. Digerimos, assimilamos e ficamos mais bem preparados para o caso de que ela se repita. Acredito também que nos torne mais humildes e cientes da vulnerabilidade humana. Que remédio tinha aquele proprietário, a não ser aceitar as circunstâncias e esperar que tudo corresse bem? Ele poderia mudar de cidade ou até de país, mas a infelicidade provocada por tal decisão não seria superior ao risco a que se sujeitava? Aquela era a sua terra, onde tinha um negócio para gerir e uma família para sustentar. O Agung impunha respeito? Claro que sim. Mas a vida tem de continuar, não importam as condições.

Os perigos são reais. Eles existem e estão por todo lado.

A forma como gerimos essas ameaças é completamente subjetiva. Não devemos ignorá-las, mas também não podemos permitir que condicionem cada passo que damos. Se soar um alerta e o risco se materializar, obviamente teremos de agir. Entramos em modo de sobrevivência e o instinto se encarrega de nos conduzir para um lugar seguro. Ainda assim, fruto da agitação a que estamos expostos no dia a dia, acabamos vivendo em constante hipervigilância. Sobretudo no que toca a experiências que nunca vivemos — é sempre aqui que o temor é maior. Temos de conquistar o equilíbrio perante um mundo sensacionalista que tenta nos manter em cativeiro. "Perde-se a vida quando pretendemos resgatá-la à custa de preocupações demasiadas", disse William Shakespeare. Sempre que nos ocupamos antes do tempo, impedimos que a felicidade entre. Fechamos todas as entradas para a experiência, a maturidade e a evolução. Essa atitude pode nos ajudar a sobreviver, mas jamais permitirá que vivamos por inteiro.

DEIXA EU TE FALAR:

Quase nada
Do que nos preocupa
Acaba acontecendo.

RENASCIMENTO

> *Todos temos duas vidas. A segunda começa quando percebemos que só contamos com uma.*
>
> **CONFÚCIO**

Uma das questões que mais me intrigam no comportamento humano é a nossa inclinação para deixar de sonhar. Poucos são aqueles que ousam manter seus sonhos em pé. À medida que vamos crescendo, a esperança de alcançar algum desses objetivos vai diminuindo. Ora porque não temos tempo ou dinheiro, ora porque já tentamos e o insucesso nos levou a desistir. Somos engolidos pela rotina, cedemos a pressões externas e ficamos condicionados num mundo sem escapatória à vista. Ao contrário dos almoços, sonhar ainda é grátis. No entanto, para materializar essa visão, precisamos estar dispostos a pagar um preço. A despesa pode ser saldada com dedicação, disciplina e sacrifício. Todos somos detentores dessas moedas, mas nem todos estamos com vontade de abrir a carteira. A questão que se impõe é: será que queremos tanto assim?

Desde a estreia, acompanho com atenção o programa de entrevistas *Alta Definição*, conduzido de forma brilhante por Daniel Oliveira. Todo sábado, enquanto tentava recarregar baterias de uma semana de trabalho extenuante, eu grudava na tela da TV. Fascinava-me ouvir outras histórias de vida, principalmente por serem bem mais interessantes que a minha. Aquele diálogo surtia um efeito agridoce. De um lado, eu sentia que estava desperdiçando minha estadia no planeta Terra; de outro, ficava cheio de motivação para dar um giro de 180° em tudo. Pena que essa fagulha durava pouco tempo... As entrevistas de onde eu retirava mais inspiração eram as que envolviam momentos de superação. Fossem doenças ou outras circunstâncias trágicas, pouco importava. A forma como o convidado falava daquele marco dava a entender que já vivia uma segunda vida. Era impressionante. A forma simples, mas intensa, com que passara a encarar o dia a dia. A serenidade com que deixava o futuro no seu lugar. A leveza nas palavras, a luz nos olhos e o brilho do sorriso. Coisas que eu queria sentir e não sabia como.

Valendo-me de alguma perspicácia, prontamente concluí que não queria passar por uma experiência traumática para começar a viver. Deveria existir outra forma. Menos dolorosa e mais "orgânica", que não dependesse da reação a um acontecimento menos agradável. Rapidamente percebi também que, naquela altura, um dos meus problemas era não estar assim tão desconfortável. Enquanto a dor for suportável, sempre teremos escolha. Daí as doenças e os acidentes serem tão transformadores. Quando estamos frente a frente com uma agonia tão grande, tudo que nos resta é lutar. Levando em conta que a outra opção é sofrer em vão e, no limite, vir a falecer, parece-me que o campo de batalha se apresenta como a escolha mais tentadora.

Assumi o compromisso de arriscar mais. Contentar-me com a solução existencial que a sociedade me apresentava já não resolvia. Voltei a sonhar com uma vida mais significativa, recheada de entusiasmo e de passos dados em direção a quem eu era verdadeiramente. Quanto mais eu abria a porta do meu interior, mais visível se tornava toda a bagunça. Tive de aprender a aceitar o caos evidente. Longe de ser a melhor paisagem do mundo, estava, contudo, cada vez mais perto de mim. Solucionar o que está mal resolvido é como "comer" um elefante: temos de ir por partes. Deixar morrer tudo que não nos permite viver, procurar fazer escolhas mais conscientes e ter paciência, muita paciência. A única coisa que se vê da noite para o dia é o nascer do sol. Os resultados requerem bem mais tempo.

Não havia dia em que os fantasmas do insucesso não me visitassem. "Será que vou conseguir mudar?", "Será que esta dedicação será em vão?", "Será que vou ficar pior do que estava?" Não havia como saber. A única maneira de conhecer o destino é embarcar na viagem. A imaginação é capaz de muita coisa, mas é completamente inútil no que toca a substituir a própria experiência. O que mais me ajudou a silenciar as incertezas foi o pragmatismo. Bendito pragmatismo! Recordo-me de chegar a ponto de reduzir as dúvidas a: "Se não vou passar fome e se não vai me faltar um teto, então posso prosseguir". Isso pode soar um tanto quanto ridículo, mas foi na relativização e na mudança de perspectiva que descobri alguma coragem.

Seja qual for o seu sonho, não abdique dele por nada. Por favor. São eles que nos escolhem, não o contrário. Demore o tempo que demorar, custe o que custar, mas nunca pare. Haverá dias em que a vontade de desistir vai gritar mais alto. Nesses instantes, deixe-a falar. Assim que perceber que você não lhe dá ouvidos, ela se calará. Repita, insista e volte a repetir. Aprenda a parar quando for necessário, a diminuir para recuperar o fôlego e a acelerar assim que tiver oportunidade. Não se preocupe se dá dinheiro, fama ou reconhecimento. Faça porque precisa fazer, porque é uma extensão do ser que você é. O que tiver de ser será. Mesmo que você nunca consiga alcançar o cume da montanha, pelo menos foi feliz ao tentar.

Ninguém precisa de um susto
Para perder o medo de viver.

NÃO SE DEIXE ENGANAR

Há dois tipos de traição: a que se comete contra alguém e a que se comete contra si mesmo.

RISA KINGS

Será possível que os principais traços da nossa personalidade levem apenas 2.555 dias para se formar? A resposta é: sim. Pelo menos aos olhos de Aristóteles. Numa de suas célebres afirmações, o filósofo grego disse que, se lhe entregassem uma criança de até 7 anos, ele conseguiria prever que adulto viria a ser. Recentemente, essa teoria ganhou força quando estudos científicos comprovaram a velocidade com que cresce o cérebro das crianças. O aumento exponencial de ligações neuronais, juntamente com o efeito de novidade do primeiro contato com o mundo, acabam sendo determinantes para a pessoa que nos tornamos. Como seria de esperar, essa vulnerabilidade tanto pode nos expor a um ambiente saudável como a um cenário traumático.

Tudo começa em casa, onde é aplicada a primeira camada sobre nós: a educação. Os pais, cada um à sua maneira e com base nos exemplos que tiveram, tentam fazer o melhor que sabem e podem. Não é isso que está em pauta. A questão que importa de verdade é que nem sempre o que pensam ser adequado coincide com as reais necessidades dos filhos. Como todos sabemos, por amor se cometem grandes disparates, mesmo tendo a melhor das intenções. Por inúmeros fatores que não importa agora mencionar, os santos do lar nem sempre conseguem fazer milagres. Todo esse coquetel de situações vai fazer parte da equação, cujo resultado, muitas vezes, só se revela na vida adulta.

Voltando ao princípio, foi enquanto ainda engatinhávamos que aprendemos a abdicar das nossas necessidades interiores em troca do amor dos pais. Nessa relação está sempre implícita uma certa negociação, tendo como moeda de troca a "chantagem" emocional. Comportamo-nos de determinada maneira a fim de receber algo em troca. É inevitável. De forma inconsciente, queremos agradar, ser aceitos e não alimentar o risco de nos sentirmos abandonados. Na falta de ferramentas de comunicação melhores, choramos, gritamos e fazemos birra. Ninguém nos compreende ou leva a sério. Essa falta de reconhecimento tende a ser terreno fértil para diversas carências, sendo a primeira delas o amor-próprio.

Mal chegamos à escola, somos confrontados com outro novo ambiente. Uma espécie de minissociedade, na qual cada um procura desempenhar o papel que mais lhe convém. Começamos a (de)formar-nos e, uma vez mais, a abdicar de quem somos em troca do elogio dos professores, da amizade dos colegas e do orgulho dos progenitores. O mais irônico (e preocupante) é que tudo isso acontece de forma muito sutil, sem que tomemos verdadeira consciência do que está acontecendo. Éramos vulneráveis e não sabíamos.

Encontrei nesse percurso padrão a causa de muitas das decisões que tomei. Foram anos a fio em que vivi completamente alheio às minhas necessidades, vontades e desejos. Como tantas outras pessoas, cresci acreditando que a verdadeira ameaça era ser enganado por alguém e não por mim mesmo. Provavelmente porque nem conseguia ter essa noção. Hoje entendo o porquê. Todos temos uma capacidade inequívoca para mentir a nós mesmos, e tanto repetimos a mentira que, quando nos damos conta, ela já se travestiu de verdade. Com o tempo, aprendi que o "amor" impróprio para consumo também existe. É graças a esse sustento pouco nutritivo que alimentamos diversas situações que não deveriam acontecer e que, anos mais tarde, podemos vir a rotular de "arrependimentos".

De que serve sermos fiéis a outra pessoa se para isso tivermos de trair a nós mesmos?

De que serve sermos escolhidos por alguém se para isso tivermos de nos pôr de lado?

Por que permitimos que ultrapassem os nossos limites?

Vale a pena viver uma vida sem significado, mas que aos olhos dos outros é bem-sucedida?

Por que aceitamos que nos magoem em troca de companhia? Felizmente, ainda não vale tudo, nem nunca pode valer. Não me refiro apenas a casos extremos, em que o desrespeito é tão evidente que não há venda capaz de fazer vista grossa. O verdadeiro perigo talvez resida nas pequenas coisas, naqueles microdesconfortos que incomodam, mas que são suportáveis. À semelhança de uma doença silenciosa que vai matando enquanto ainda nos sentimos vivos, também essas transposições das nossas fronteiras podem ser preparativos para uma invasão maior.

Tudo seria mais simples se o amor-próprio fosse tão fácil de praticar como é de entender. Ninguém sai deste mundo com a ficha limpa. Em algum momento, já todos fomos infiéis para conosco. A história é impossível de apagar, mas, enquanto existirem dias nascendo, é sempre tempo de nos reeducar. Como em qualquer outro problema, o primeiro passo é reconhecer que ele existe. Assim como é impossível fingir saúde quando ela não existe, também a falta de autoestima não pode ser disfarçada. Como as duas primeiras sílabas da palavra indicam, isso é algo que vem obrigatoriamente de dentro. Não há como escapar disso. A forma como o mundo nos trata acaba invariavelmente sendo um reflexo do modo como cuidamos de nós. Essa perspectiva não é um antídoto para a dor, até porque a falta desse sentimento nos desumanizaria. A autoestima não muda o oceano, apenas reforça a embarcação.

É tempo de nos perdoarmos pelas vezes em que nos traímos, consciente ou inconscientemente. Assumir a responsabilidade não implica sentimento de culpa. Nunca. Deixemos entrar a empatia e a compaixão que também devemos nutrir por quem somos e por aquilo que fizemos. Está tudo bem. Quando uma nova lição se apresenta no caminho, por mais dolorosa que seja, tente sempre agradecer por ter surgido agora e não daqui a cinco ou dez anos. Antes de jurar lealdade a alguém, procure primeiro garantir se está sendo fiel à pessoa que você é, pois sem começos não pode haver finais felizes.

DEIXA EU TE FALAR:

Deveríamos ter tanto medo
De mentir a nós mesmos
Como temos de ser enganados.

FAÇA A SUA PARTE

Não consigo mudar o mundo, a realidade é dura. Mas se eu mudar o meu quintal, dou outro ar à minha rua.

DEAU

Num jantar com amigos, discutia-se a importância de as pessoas tentarem ao máximo viver realizadas, custe o que custar. Independentemente dos riscos que isso possa acarretar, esse é o único caminho possível para dignificar nossa passagem por esta existência. Perante o óbvio, cada um emitia o seu "hum-hum", validando assim a ideia que estava sendo debatida.

É essa a prática em qualquer conversa. Quando se abordam questões mais profundas, tidas como idealistas ou utópicas, por norma, o consenso se forma. As mentes concordam em uníssono, numa espécie de sintonia intelectual. E, quando o bom senso julgava ter levado a melhor, surge a célebre afirmação: "É verdade, isso faz todo sentido, mas a sociedade ainda não está preparada".

É interessante observar a forma distanciada como nos referimos ao meio no qual estamos inseridos. Existe um "eu" e um "eles", raramente um "nós", sobretudo no que se refere a esse tipo de tema. As pulsações do ego sobem à medida que nos convencemos de que somos visionários. Ao mesmo tempo que nos sentimos à frente dos demais, recorremos também a esse aparente adiantamento para nos desculpabilizarmos.

A melhor forma de não remexer nas nossas imperfeições passa por apontar as dos outros. É tentador fazer da sociedade bode expiatório: o rol de lamentações é ilimitado, nunca seremos confrontados de volta e, não menos importante, na maioria das vezes estamos certos: "Nós até poderíamos melhorar nosso comportamento, pena que a sociedade não esteja preparada".

O espectro de ocasiões em que isso pode ser observado é bastante vasto — basta escolher. Já vi pessoas jogarem lixo no chão só porque estava tudo sujo à sua volta. No trânsito, como todos se ofendem, talvez seja melhor também fazer o mesmo. No emprego, já que a competição é desenfreada, lá vou eu pôr as garras de fora. Enfim, isso se aplica a mais situações do que seria ideal. No entanto, se falarmos com cada uma dessas pessoas, elas provavelmente vão nos dizer que não são más, apenas não tiveram escolha. Será?

O poder de decidir é algo que nunca se dissocia de nós. Por menor que seja a margem, existe sempre uma maneira de fazer determinada escolha em detrimento de outra. Em última análise, só depende de cada um de nós a forma como reagimos a algo. O simples fato de nos desculparmos com os outros já deu o que tinha para dar. Talvez fosse bem melhor ouvirmos antes a nossa consciência. No final do dia, nos sentimos no caminho correto? Estamos focados em ser pessoas boas? Quem somos nós quando ninguém está olhando?

Como tão bem escreveu o *rapper* Deau, é preciso, em primeiro lugar, cuidar do nosso quintal. Esse verso resume, de forma brilhante, a atitude que deveria ser a nossa. Posto isso, o que estamos esperando? Quantas ervas daninhas ainda precisamos arrancar? Quantas sementes ainda não lançamos à terra? A melhor forma de mudar o ambiente passa completamente por cada um estimar o que está ao seu alcance.

O mundo não nos deve rigorosamente nada. A sociedade em que estamos inseridos pouco se importa com o que deixamos de fazer por causa dela. Nunca saberá quanta verdade ficou por viver só porque nos julgávamos adiantados. Preocupe-se com o que depende de você, com o que está ao seu alcance, com tudo aquilo que você pode impactar. Não se lamente pelo fato de os outros não serem como você acha que deveriam ser.

O melhor de tudo isso é que não é preciso autorização para começar. Olhe para si e pense por si. A iniciativa de fazer a sua parte tem de partir de você.

DEIXA EU TE FALAR:

Na dúvida,
Faça a sua parte.

HOJE É UM BOM DIA PARA

Agradecer

Agradecer por acordar para mais um dia.

Agradecer pela dádiva que é ter vida.

Agradecer por ter conseguido chegar até aqui.

**HOJE É
UM BOM DIA
PARA**

Dar

Dar o meu melhor.

Dar a presunção de inocência
a quem merece.

Dar sem esperar nada em troca.

VIVER COM PROPÓSITO

*A nossa grande e gloriosa obra-prima
é viver com propósito.*

MICHEL DE MONTAIGNE

A verdade é esta: a maioria das pessoas não sabe muito bem o que está fazendo aqui. Entre a agitação do cotidiano, o medo de não conseguir sobreviver e o boicote que fazemos às nossas convicções, sobra pouca disponibilidade espiritual para nos colocarmos em perspectiva. As distrações são inúmeras, e os estímulos, intermináveis. Talvez seja por isso que fomos nos desligando de quem somos e daquilo que verdadeiramente ambicionamos. Foi de propósito que começamos a viver sem querer? Custo a crer que tenha sido uma decisão deliberada. De forma inconsciente, fomos andando por um caminho estreito, ao longo do qual pouco ou nada havia para colher. Somos uma equação com tantas variáveis que nem a calculadora mais avançada se atreve a adivinhar no que isso vai dar. À soma dos nossos pais, podemos multiplicar a educação que recebemos, dividir pelas desilusões que vamos sofrendo e subtrair a pouca esperança que ainda resta. Não é fácil romper a corrente, fugir do círculo vicioso e arriscar descobrir uma nova forma de encarar a vida.

Fico bastante feliz por ter uma grande diversidade de leitores. Ainda assim, arrisco-me a dividi-los em dois grandes grupos. Fazem parte do primeiro conjunto todas as pessoas que já admitiram que a vida não está dando certo. Não aguentam mais viver dessa forma e estão dispostas a mudar. Mais do que querer alterar seu dia a dia, estão dispostas a assumir o comando da própria vida. A mudança dá trabalho, mas, certamente, ficar como estão exige um sacrifício bem maior. O segundo grupo é antípoda do primeiro. Sabem que as coisas não estão bem, até levantam a hipótese remota de uma possível mudança, mas ainda estão demasiado presas ao papel de vítimas. "Isso é tudo muito bonito, mas..." Eis a objeção mais frequente de quem não quer fazer nada. A energia que podiam direcionar na busca de soluções segue, todinha, para a prateleira da vitimização. Assim que encontram alguém que aparentemente está "melhor" do que elas, prontamente se disponibilizam a apontar vinte causas que retirem o mérito daquela pessoa. "Teve muita sorte por ter nascido naquela família", "Com aquela carinha bonita, até eu", "Certeza que é corrupto", "Se ainda tivesse aquela idade, eu também conseguiria". Enfim, a lista é interminável.

É verdade que existem contextos mais desafiadores do que outros. Não é isso que está em pauta. Ainda assim, de que adianta estarmos constantemente confirmando um fato? Nada. Rigorosamente nada. É um desperdício de tempo e energia. Sem querer, afastamo-nos do nosso propósito de vida e perpetuamos a mediocridade. Aqueles instantes de escárnio e maledicência até podem nos trazer algum alívio e gratificação. No entanto, quando a cabeça deitar no travesseiro, a verdade virá à tona e a dor será bem maior.

A vida é sua e as escolhas também o são. Certifique-se de optar por aquelas que servem melhor o seu bem-estar. Pare a fim de que possa sentir. O que move você? Certamente não é pagar as contas e ter a barriga cheia. Essas são apenas duas das condições para (sobre)viver neste mundo. Refiro-me àquilo que o faz acordar antes do despertador. Aquilo que lhe traz tanta satisfação que você nem se importaria de fazer de graça. Aquilo que faz seus olhos dizerem: "Sou feliz". Demore o tempo que demorar, custe o que custar, esse é o único caminho que nos permite viver com propósito. A decisão será sempre sua.

A maior prova de amor que você pode dar a si próprio é essa mesma: escolher ser feliz. Não é imediato, muito menos simples. Requer trabalho, dedicação e empenho. De nada serve ficar à espera de que o seu propósito de vida chegue. Faça da vida o seu propósito e nunca aceite menos do que você merece; caso contrário, ficará em dívida com a sua felicidade.

DEIXA EU TE FALAR:

Podemos não saber qual é o destino,
Mas, se formos verdadeiros,
Sempre saberemos
Qual é o próximo passo.

MAIOR DO QUE EU

> *A vida é maravilhosa se não tivermos medo dela.*
> **CHARLES CHAPLIN**

Às vezes fecho os olhos e vejo coisas. Sou transportado para momentos que ainda não se manifestaram, mas que já estão acontecendo na minha imaginação. Parecem reais, verdadeiros. Não sei bem se são premonições ou algo do gênero. Apenas sei que eu seria capaz de pôr a mão no fogo por essa chama que, mesmo sem queimar, já se acendeu dentro de mim. No entanto, nem sempre foi assim. Sem justificativa ou razão lógica, levei alguns anos até confiar nessa sensação. Tinha medo de me iludir e, por conseguinte, me magoar. À medida que o futuro ia se tornando presente, fui percebendo que estava certo — a minha imaginação tinha, finalmente, começado a dar frutos.

Quando me coloquei no caminho e comecei a escrever meu primeiro livro, não tinha bem consciência daquilo que estava fazendo. Tudo era novidade: o sumário, os capítulos, os títulos, a capa, a estrutura. A própria rotina era diferente. Obriguei-me a ser mais disciplinado, rigoroso e exigente com cada palavra que depositava naquelas páginas. Como em qualquer viagem que fazemos pela primeira vez, perdi-me em alguns momentos. Não sabia por onde ir, se aquele era o caminho certo ou se o resultado final seria satisfatório. Com a veia criativa entupida de dúvidas, tornava-se complicado bombear a imaginação. Eu me esforçava para procurar respostas, cimentar certezas e construir pilares que me permitissem prosseguir em segurança. Nunca os encontrei. À medida que regava o caos que eu próprio tinha semeado, assistia à impossibilidade de obter uma clarividência total. A princípio, nem tudo que é para ser se parece com algo. Faltam referências, marcos ou placas. Na melhor das hipóteses, conseguimos entrever pequenas pistas, sinais que atravessam o caminho e nos dizem para ir com eles. Foi isso mesmo que fiz: deixei-me ir.

Com o tempo, aprendi a render-me à confusão e refreei a arrogância de querer saber tudo. Não tinha certeza de aonde ia, mas mostrava plena consciência do motivo por que começara. Nos instantes mais introspectivos, fechava os olhos e vislumbrava a meta. Via-me apresentando o livro para leitores, amigos e familiares. Um dia de celebração e festa como nunca tinha vivido, como se fosse a chegada de um recém-nascido. Para contornar a gaguez emocional, eu levava uma folha com um discurso preparado. Não gosto de deixar nada por dizer, principalmente num dia como aquele. Vi-me lendo aquela folha, ainda com os vincos por estar dobrada no bolso. Os olhos brilhavam enquanto eu me deixava levar por aquela onda de alegria. Mais do que projetar uma expectativa no futuro, sentia genuinamente que aquilo ia acontecer. Assim que voltava à realidade palpável, estava sozinho, sentado à mesa, perdido entre ideias, mas feliz por encontrar um sinal de "sentido obrigatório". Continuei e não mais questionei.

Em 25 de maio de 2019, lá estava eu, preparado para apresentar minha obra de estreia. O dia por que eu tanto aguardara tinha finalmente chegado. Tudo que eu imaginara acabou acontecendo. Parecia uma transposição para o papel vegetal de um desenho já feito. O discurso, as pessoas, os abraços, a alegria em estado puro — não faltou nada. No entanto, o fato de já estar ciente do que ia acontecer não me preparou para tudo. Fui tomado por uma avalanche de sentimentos que me deixou completamente assoberbado. Não me sentia capaz de assimilar tanta felicidade. Parecia que tinham me colocado diante de um delicioso banquete e, no lugar dos talheres, eu dispunha apenas de um palito para levar a comida à boca. Em certa medida, essa ânsia de querer dar vazão a tamanha fartura me deixou preocupado. Existe essa pressão autoimposta — temos de aproveitar tudo ao máximo, naquele preciso instante, antes que acabe. É bom ter essa ambição e entusiasmo, mas, como tudo na vida, o que é demais acaba se estragando. Ainda por cima, aquela não era a primeira vez que eu passava por tal situação. Por vezes, precisamos de mais algumas tentativas até aprender, não é?

Temos de recuar até julho de 2016. Eu vivia no Tarrafal havia mais de dois meses e estava a cerca de duas semanas de voltar a Portugal. Há momentos que nos marcam de tal forma que até os detalhes mais irrelevantes ficam gravados. Lembro-me do céu estrelado acompanhado de uma lua cheia vaidosa, que passava a noite toda a ver-se refletida no espelho na baía. Apesar do calor, corria uma aragem característica daquele arquipélago. É uma brisa constante que nos impede de esquecer que o vento existe. Ao meu lado, eu tinha uma cadela de rua, a amorosa Sofia, que sempre que nos encontrávamos fazia questão de me cumprimentar.

Com a vista iluminada pelo candeeiro lunar, começaram a deslizar algumas lágrimas solitárias. Eu sofria por antecipação.

Ainda não tinha deixado aquele lugar e já me sentia morrendo de saudades. O fim anunciado pode nos motivar a aproveitar até o último instante, mas também traz consigo a consciência de que vai acabar. Talvez essa seja uma das vantagens da vida, a total ignorância de quando e como vai acabar. Não sabemos qual é o horário do voo de regresso — ou de ida, de acordo com a crença de quem estiver lendo estas palavras. Levei todo o foco e atenção para o que estava sentindo. Depois de algum esforço mental para tentar compreender o que se passava, resignei-me e simplesmente agradeci por estar ali. Desde que eu me mudara para Cabo Verde, já tinha conseguido encaixar algumas peças. O resto do quebra-cabeças teria de ficar para depois. Apesar da vontade inquietante de querer ver a transformação que se processava, tive plena consciência da incapacidade do palito para alimentar tamanho apetite.

Em ambas as situações, eu me emocionava só de imaginar o seu desenrolar. A nitidez da imagem e o entusiasmo à flor da alma não mentem — era por ali que eu tinha de ir! Sempre que segui o coração, nunca me desiludi. Podem acontecer percalços e alguns desafios, mas a bússola interior está mais afinada do que julgamos. Quando me sinto perdido, é esse pulsar do futuro que me traz de volta ao caminho certo.

Por vezes, evitamos a alegria com medo de que ela acabe. Pensamos que não merecemos, ou que, à semelhança das doenças, a felicidade também só acontece aos outros. Até determinada idade, só podemos andar em algumas atrações no parque de diversões. Nós as aproveitamos à nossa maneira e percebemos que ainda não estamos à altura (literalmente) da montanha-russa, por exemplo. Isso não nos impede de experimentar os outros brinquedos e divertir-nos, mesmo sabendo que não experimentamos tudo. Ao longo da vida, podemos ter o privilégio de viver experiências que são maiores do que nós. Assim que aceitamos a sua magnitude, percebemos que não servem para apequenar a nossa dimensão, mas sim para relembrar que estamos crescendo.

DEIXA EU TE FALAR:

Se não está ao seu alcance
É porque talvez
Ainda não seja hora de pegar.

PONTO DE VISTA

> *Não são as coisas em si mesmas que nos perturbam, mas o juízo que fazemos delas.*
>
> **EPITETO**

Entramos na reta final do já longo 2020. Com o vislumbre de uma vacina no fim do túnel, podemos finalmente começar a pensar num futuro melhor. Ao longo dos últimos meses, nossa vida se transformou numa enorme sala de espera, onde o painel de senhas demorava demais para exibir nosso número. Talvez em 2021 chegue a nossa vez. Uma nova normalidade, um resgatar de afetos, um recuperar do tempo adormecido. Em sentido oposto ao da economia, crescem as expectativas relativas a um amanhã melhor. Abdicamos deste presente aparentemente infértil para projetarmos tudo que ambicionamos para o pós--pandemia. Seguindo a lógica do "nunca mais bebo", será que iremos, após essa prolongada "ressaca", esquecer tudo que estamos vivendo? No que toca a decorar as lições da História, o ser humano nunca foi um aprendiz dedicado. Além da amnésia coletiva, podemos acrescentar uma insatisfação e insaciabilidade crônicas. Éramos felizes e não sabíamos. Agora somos alunos, mas teremos consciência disso?

Vivemos num mundo profundamente lógico e racional, no qual a procura por completude é feita de fora para dentro.

Olhamos para o exterior em busca de algo que nos faça sentir satisfeitos — seja uma boa refeição, sexo, dinheiro, uma relação, sucesso ou, nesse caso, a "normalidade". Aliado a uma fraca gestão de expectativas, o desejo de algo pode nos conduzir a um abismo sem fim. Desejar rima com excesso de futuro. Projetamos uma felicidade que não sabemos encontrar aqui e agora. Acreditamos piamente não ser possível sentir a paz duradoura enquanto não alcançarmos o que desejamos. Tem sido assim a vida toda. Inventamos sempre uma cenoura nova para perseguir. São sucessivas caças ao tesouro que nunca nos fazem sentir verdadeiramente afortunados.

Buda retratou muito bem essa situação ao compará-la com um peixe que quer morder a isca. Encandeado pelo instinto predador, o pobre animal não tem como saber que há um anzol escondido. À primeira vista, a isca é tão desejável que lhe apetece mordê-la. Assim que se deixa levar pelo seu desejo, fica preso e é apanhado. Conosco acontece exatamente o mesmo. Estamos sedentos de que fique "tudo bem" para, aí sim, sermos profundamente felizes. Entretanto, vamos alimentando nossas ansiedades, corroendo a paz de espírito e ficando, cada vez mais, deprimidos. Assim como existe um anzol escondido na isca, também há um potencial perigo no objeto do nosso desejo. E se aquilo que estamos vivendo agora for melhor do que o amanhã? Não sabemos. Em 2019 também quisemos acreditar que 2020 ia ser *o* Ano. Se tivéssemos visto o anzol antes, teríamos aproveitado melhor aqueles 365 dias? Muito provavelmente.

Aceitar as limitações do presente requer ousadia, destreza e alguma criatividade. É sempre mais tentador acreditar que vai ficar tudo bem, em vez de aceitar que agora está tudo bem. Seja lá o que o "bem" for. Talvez haja uma ordem natural para o caos, incapaz de ser decifrada pelas nossa mente limitada. Talvez. A aceitação é o primeiro e mais longo passo para aliviar as dores de crescimento. Terá esse mal vindo para bem? Só saberemos mais à frente.

Esta reflexão não é um manifesto ao pessimismo e ao conformismo; ao contrário. É saudável ambicionar um amanhã mais prolífico, sem dúvida. Como tão bem afirmou o escritor Neale Donald Walsch, em vez de desejos, talvez seja mais prudente ter preferências. Como é natural, todos preferíamos estar vivendo outro contexto, mais sereno, amigável e pacífico. Ainda assim, gosto de acreditar que nada é por acaso. Nem que seja porque podemos sempre atribuir um significado à aleatoriedade. Essa interpretação depende estritamente de nós. Como escolhemos olhar para o presente? Já aprendemos tudo que temos a aprender? O que podemos fazer melhor daqui em diante? Quer queiramos, quer não, aqui e agora é tudo que temos. É perfeito? Longe disso. Poderia ser melhor? Claro que sim. Um dia, o futuro será presente. Nesse dia, saberemos aproveitá-lo ou iremos deixá-lo, novamente, para amanhã?

DEIXA EU TE FALAR:

Éramos felizes
E não quisemos saber.

VOZ INTERIOR

> *Provamos através da lógica, mas descobrimos a partir da intuição.*
>
> JULES POINCARÉ

Vivemos num mundo profundamente enraizado no pensamento lógico, no qual a balança dos prós e dos contras ainda é a responsável por grande parte das nossas decisões. Limitados pela mente racional, sentimos necessidade de provas, fatos e argumentos que justifiquem nossas ações. Esse comportamento talvez seja o principal pilar de uma sociedade homogeneizada e previsível, na qual todos afirmamos ser diferentes, mas poucos são aqueles que de fato exercem sua diferença. No momento de decidir, aquilo que sentimos tem pouca relevância. É quase visto como um capricho, algo supérfluo, sem importância. Não sabemos de onde vem nem aonde nos leva. Por esse motivo, optamos por asfixiar a voz que sussurra e que, sem qualquer debate ou explicação, nos diz o que fazer. Mas, afinal, porque é tão difícil escutar a intuição? E, nos raros momentos em que conseguimos ouvi-la, porque preferimos ignorá-la?

Assim que o assunto é posto na mesa, ninguém hesita em dar sua opinião acerca da intuição. É um conceito extremamente conhecido e que, dentro do senso comum, carrega uma boa dose de misticismo e algum exotismo. À semelhança da meditação, prática que muitos ainda consideram de elevada complexidade, intuir algo também se tornou uma espécie de regalia, algo que, contrariamente ao sol, não contemplou a todos quando nascemos. Segundo um dicionário de língua portuguesa, essa "ferramenta" é considerada uma percepção instintiva, um conhecimento imediato e um pressentimento da verdade. Até aqui tudo bem, mas de onde virá tal informação? Ninguém sabe ao certo. O processo se dá de forma involuntária e inconsciente, fugindo por completo à nossa obsessão de controlar tudo que se passa em nossa vida. Ainda hoje a ciência procura decifrar esse enigma, o que leva a atribuir a esse fenômeno um caráter divino ou paranormal.

Foram várias as personalidades que se manifestaram a propósito daquilo que é a intuição. Por exemplo, o psiquiatra Carl Jung via essa capacidade como uma forma de o nosso interior revelar a sabedoria que sempre habitou em nós, mas que até então era inacessível. Já Immanuel Kant era peremptório ao afirmar que todo o conhecimento humano teve por base a intuição, que por sua vez se transformou num conceito e, por fim, numa ideia. Mais recentemente, Steve Jobs, empreendedor de sucesso inquestionável, apelava às pessoas para terem a coragem de aceitar o que a intuição lhes dizia, pois já sabia aquilo de que precisávamos muito antes de termos sequer consciência disso. Se todos aqueles que respeitamos e admiramos apregoam o uso dessa mais-valia, porque ainda desconfiamos das suas vantagens?

Não pretendo demonizar a mente consciente e racional, até porque ela é uma excelente executora e parte fundamental da nossa existência. Contudo, enquanto decisora, deixa muito a desejar. Isso por um simples motivo: todas as conclusões a que chega têm por base fatores selecionados por nós. Nessa altura, nos esquecemos de quão míopes somos no momento de visualizar todos os aspectos existentes. São inúmeras as variáveis, muitas delas ainda por se materializar. Iludidos pela frieza da razão, julgamos que quanto mais pensarmos, melhor será a decisão — como se fosse uma simples regra de três. Por esse motivo, andamos às voltas, ficamos ansiosos e transformamos o processo de escolha numa tortura. Não seria tudo mais simples se respeitássemos o que sentimos? É assim tão importante justificar e analisar cada sensação até a medula?

Embora exista alguma romantização em torno da intuição, ela também consegue ser bastante crua e feroz naquilo que nos diz. Nem sempre vamos ouvir aquilo que gostaríamos. Por vezes, acabamos de começar uma relação que, teoricamente, tem tudo para dar certo, mas algo nos diz que não é por ali. Ou conseguimos nosso emprego dos sonhos e, ao fim de um mês, sentimos que aquilo que desejamos afinal não era o que precisávamos. Isso também se aplica a decisões menores. Pode estar um dia de sol e, antes de sair de casa, sentimos que talvez seja melhor levar o guarda-chuva. Existem mais cenários do que aqueles que poderíamos imaginar. Seja qual for a situação, não temos de ser impulsivos e reagir de imediato. Podemos apenas ficar atentos e levar em consideração aquele *feeling*.

Mais do que ouvir a intuição, falta-nos coragem para obedecê-la. Sem duvidar nem questionar. Fazer porque sim, porque é assim que tem de ser. Fomos ensinados a pensar antes de agir, e tanto ficou por fazer porque não agimos antes de pensar. Quantas coisas maravilhosas ficaram soterradas num monte de dúvidas e incertezas? Quantas vidas morreram antes sequer de terem nascido? Quanta felicidade caiu de madura porque faltaram motivos para que se colhesse? Nunca saberemos. Já é tempo de pararmos de procurar explicações para tudo. Viver não tem de ser um processo mecânico, em que para chegar a C preciso partir de A e passar por B. Nem todas as motivações precisam de um motivo. Nem todas as respostas têm de ser justificadas. Nem todas as decisões precisam ser planejadas. Por vezes só precisamos dar o benefício da dúvida ao que está aqui dentro, pois contra sentimentos também não há argumentos.

DEIXA EU TE FALAR:

Em terra de surdo,
Quem ouve a intuição é rei.

ESCULTURA

O medo de perder tira a vontade de ganhar.

MUSSUM

Por que existimos e para onde vamos? Essas são duas das derradeiras questões que atormentam a mente da grande maioria das pessoas. Há quem diga que viemos ao mundo para constituir família e reproduzir-nos. Também há quem defenda que o motivo da nossa existência está relacionado com a produtividade, o acumular de riquezas e a obtenção do máximo de conforto possível. E ainda, no lado oposto, temos aqueles que dizem que devemos "apenas" nos preocupar em deixar este lugar melhor do que quando o encontramos. Enfim, as perspectivas são inúmeras. Independentemente daquilo em que acreditamos, a verdade é que, na prática, a vida é regida pela sobrevivência e, por conseguinte, pela conquista de um estilo de vida que nos garanta um sustento. É precisamente nesse instante que muitos se perdem, desistem do que sentem e daquilo em que acreditam — para dar lugar a uma vida moribunda, sem significado.

Um dos grandes motivos que nos empurram para o precipício da mesmice é deixarmos que o medo tome as decisões. Dessa forma, torna-se difícil percorrer o caminho que a vida nos reservou. Ao observarmos nossa existência em retrospectiva, talvez os dedos das mãos não sejam suficientes para contar a quantidade de escolhas que fizemos porque tínhamos receio de algo. O curso que escolhemos — porque tínhamos medo de desiludir nossos pais. O emprego que aceitamos — porque tínhamos medo de não encontrar melhor. A pessoa com quem nos juntamos — porque tínhamos medo de ficar sozinhos. Se olharmos bem, estamos sempre no preparando para o pior, nunca para o melhor. Se alguém semeia o medo de fracassar, como pode esperar colher sucessos?

Quando o futuro se faz de surdo às nossas dúvidas, é sempre mais fácil escutar o que o medo tem a dizer. Estamos em alto-mar, completamente à deriva, e não há nem sinal de boias. À falta de algo palpável a que possamos nos agarrar, sentimos que o melhor é voltar para o barco repleto de passageiros desistentes. Muitas vezes, nem temos consciência do nosso potencial e tampouco lhe damos a oportunidade de resplandecer. Aquilo que distingue um escultor é a sua capacidade de ver uma obra de arte onde todos os outros reconhecem apenas uma rocha. É também assim que nos vemos. Viemos ao mundo maciços, com muito por esculpir. Carregamos algo que precisa ser lapidado antes de poder ver a luz do dia, e esse é um trabalho que só pode ser feito por nós, mais ninguém.

O excesso de futuro e a preocupação com a obtenção de respostas também podem dificultar o processo. Ficamos ansiosos por não sabermos qual é o propósito de vida que devemos representar. Quanto mais procuramos, mais sofremos. A proatividade em excesso pode ser nossa maior inimiga. Cada pessoa a seu tempo. Para que ter pressa? Talvez devêssemos nos preocupar menos em fazer acontecer e mais em deixar que aconteça. Não se trata de uma corrida em que "quanto mais rápido, melhor". Há um *timing*, uma ordem natural imperturbável. Concentremo-nos apenas em tentar ser melhores a cada dia que passa e a não perder tempo em conversas redondas com pessoas quadradas. Por vezes, o mais sensato é ficar no nosso canto, aparando as arestas.

Ousemos sonhar e acreditar que somos bem mais do que imaginamos. Quem seriam os nossos heróis, se no princípio não tivessem dado o benefício da dúvida ao que a intuição lhes dizia? Provavelmente nada do que são hoje. Conosco não é diferente. Nem sempre é fácil imaginar o sol brilhando num dia cinzento, mas ele está lá. Sempre.

Ser quem nascemos para ser, obviamente, dá trabalho. Não basta acreditar, pedir com muita força e repetir dez vezes a mesma frase enquanto juntamos as mãos e lançamos os olhos para o alto. Talvez seja a tarefa mais exigente que podemos abraçar, nem que seja só para verificar se estamos mesmo por inteiro nessa empreitada. Podemos olhar para nós como se fôssemos o nosso próprio negócio. Algo que requer empenho, dedicação e muita disciplina. Nossa obra-prima. Tudo se torna mais orgânico e espontâneo quando também praticamos o amor-próprio. "Só" temos de apreciar a pessoa que somos, na certeza de que o futuro desvendará novas e melhores facetas. Afinal, se o amor é cego, por que não confiar nele (e em nós) de olhos fechados?

DEIXA EU TE FALAR:

Viemos ao mundo
Para trabalhar... Em nós.

MELANCOLIA

A melancolia é a felicidade de estar triste.
VICTOR HUGO

Hoje acordei triste. Eram 7h23. Voltei a despertar antes do alarme. Dizem que para incutir um hábito devemos repeti-lo durante 21 dias seguidos. Já superei largamente esse período de três semanas; talvez seja por isso que sempre consigo me antecipar ao despertador. Em geral, ele toca às 7h30. Não me pergunte por quê. Sou eu que faço o meu horário e não vejo motivo para ter escolhido essa hora. Se bobear, é porque às sete da manhã ainda é madrugada e às oito já estou há tempo demais na cama. Entre esses dois horários, sobra apenas meia hora. Tenho essa mania um bocado absurda dos números certos. Apesar de ter acordado em uma hora estranha, ver o despertador tocando às 7h23 seria, no mínimo, esquisito. Enfim.

Não tenho de sair de casa para nada, nem um chefe para avisar que estou atrasado. Sou regido pela minha consciência, exigência e disciplina. O único colega a quem posso apontar o dedo é àquele que encontro no espelho, enquanto tento pôr as lentes de contato. Quando não temos ninguém a quem culpar, é mais difícil nos vitimizar. Somos o opressor e o oprimido, o patrão e o empregado, o explorador e o explorado, tudo ao mesmo tempo.

As reuniões chatas desapareceram, os *e-mails* desnecessários perderam meu endereço e para ir do quarto até a sala não é necessário ver como está o trânsito. O cenário ideal, você deve estar pensando. Não me queixo dessa aparente perfeição. Sei que tenho tudo para ser feliz, mas hoje acordei triste.

    Sinto-me preso a uma preguiça que não permite que a criatividade se liberte. Não me apetece fazer nada. Quero escrever e não consigo. Gostaria de me sentir alegre, entusiasmado e com vontade de criar, mas há algo, uma força maior, que me apequena. Parto em busca de um motivo para me sentir assim e não encontro. Tenho saúde, as pessoas que me rodeiam estão bem e não me falta nada, pelo menos no plano material. Fico com a mesma sensação que por vezes tenho na cozinha. Junto os melhores produtos, sigo a receita à risca e, no final, o prato não tem nada de especial. O fato de falhar depois de reunir as condições necessárias cria um sentimento de frustração inigualável. Em momentos de escassez, quando ainda não conseguimos pintar o cenário ideal, desculpamo-nos com o que faz falta e isso ajuda a aliviar a dor. Projetamos a felicidade para o momento em que tivermos tudo. "Aí, sim, não há como falhar!", pensamos nós, erroneamente.

    Não é a primeira vez que sou invadido por essa tristeza e, muito provavelmente, também não será a última. Já aconteceu tantas vezes que acabo tratando-a pelo nome próprio. Chama-se melancolia e pode ter diferentes aspectos, só não tem uma razão de ser. Sempre que procuro um motivo para sua existência e não encontro, corro o risco de me sentir ainda mais triste. Tenho todos os sintomas e nem uma infecção à vista. Algo acontece. Algo que não sei bem o que é, mas tenho certeza de que existe. É quase a personificação do "porque sim" — a justificativa mais ingrata e, ao mesmo tempo, também a mais eficaz.

Optei por desistir de procurar uma cura. Talvez o melhor remédio seja aceitar que estou assim porque sim. Sem razão nem motivo, simplesmente deixar estar. Talvez o que nos entristeça verdadeiramente seja achar que não podemos nos sentir tristes, como se tratasse de uma debilidade ou de um fracasso. Não sei. Assim como não vamos hesitar em saudar alguém que está feliz sem motivo, por que não abraçar também a melancolia que chegou sem avisar?

Enfiei na cabeça que esta manhã ia me dedicar ao trabalho. Quando me deito sem ideias, antevejo sempre um duelo doloroso com a folha por estrear. A falta de uma meta me tira o fôlego para correr atrás de uma pista. Preciso de um rastilho, de uma luz, de algo que guie a minha caneta. A falta de inspiração encontra pelo caminho uma teimosia inabalável. Quanto mais sinto que não posso, maior é a vontade de soltar as palavras pela página. Escrevo, apago e volto a escrever. Não gosto do que vejo e por isso decido eliminar aquele texto sem princípio. Assumo a derrota e fecho o estojo. Perco a batalha, mas tento lembrar que a guerra está longe de chegar ao fim. Há sempre uma segunda parte. Para tanto, só precisamos fazer um intervalo. Perceber que resiliência e arrombamento não são sinônimos. É resiliente quem não desiste à primeira adversidade. Por outro lado, tentar arrombar uma porta que ainda não deve ser aberta pode ser apenas falta de humildade.

Escolhi uma *playlist*, coloquei-a para tocar e fui arrumar a louça. Aproveitei para regar as plantas e deixar o almoço descongelando. Foi nesse espaço entre cenas que a melancolia decidiu trocar de roupa. Mal voltou ao palco, deixou de ser a mesma. Estava mais bonita, mais luminosa, e convidava-me a entrar. Regressei ao campo de batalha, desembainhei a caneta e comecei a alvejar os espaços em branco. Foi assim que nasceram estas palavras. Resultado de uma dança incerta entre a desmotivação e o entusiasmo. Fruto da semente que, esta manhã, já tinha sido lançada à terra, mas ainda não havia germinado.

    Ambicionamos estar sempre "pra cima" e, por vezes, esquecemos que também ficamos pra baixo. Obrigamo-nos a ser constantemente felizes, bem-dispostos e produtivos. Não por acaso, a pergunta ainda nem terminou e já a estamos respondendo: "Está tudo bem". Desejamos transformar a carne em metal, as emoções em engrenagens e os pensamentos em parafusos. Existe um anseio escondido e inconsciente de nos transformarmos em máquinas. Longe de podermos ser robotizados, o humanismo prevalece, sempre. Se hoje você também acordou triste, não se preocupe. Deixa a melancolia entrar, aceite-a como ela é. Talvez pareça que ela veio para incomodar, mas, na verdade, está apenas abrindo espaço para que uma nova alegria possa nascer.

DEIXA EU TE FALAR:

Está tudo bem
Mesmo quando não está.

SER QUEM SOU

> *O ser humano só é verdadeiro quando se julga incógnito. Se tem de representar a sua pessoa, a arte o absorve e o desvia do seu próprio ser.*
>
> TEIXEIRA DE PASCOAES

De uns anos para cá, temos sido atingidos por uma avalanche de novos conceitos que podem ser inseridos em tudo aquilo que dizemos. Expressões como "amor incondicional", "gratidão", "viver o agora" ou "desapego" tornaram-se tão corriqueiras que, devido ao excesso de utilização, se arriscam a perder seu valor intrínseco.

Se, de um lado, é positivo o fato de todos estarmos familiarizados com esses termos, de outro, torna-se tentadora uma divagação meramente pelo plano teórico. De nada serve escrever "gratidão" na descrição de uma fotografia quando nessa mesma manhã não nos sentimos sortudos por termos acordado. Da mesma forma que podemos ter lido várias vezes *O poder do agora*, de Eckhart Tolle, e ainda assim continuarmos caindo na tentação de viver no amanhã. Com isso não quero, de forma alguma, desvalorizar a importância da disseminação de todos esses mantras e filosofias de vida. Considero-os muito importantes e é com satisfação que nos vejo, cada vez mais, despertos para temas como esses. No entanto, o que sinto ao conversar, ao ouvir *podcasts* ou ao ler outros textos é que tais princípios, ironicamente, têm o resultado inverso na nossa vida — deixam-nos ansiosos e ainda mais perdidos, porque acabamos percebendo que não são assim tão fáceis ou imediatos como nos são "vendidos". A verdade é que essas coisas levam tempo e merecem ser encaradas com humildade, respeito e muita paciência. Desenvolver tamanhas virtudes dá trabalho e requer bastante dedicação. Lamento, mas não é com meia dúzia de palestras TEDx que vão resolver o assunto.

Além das que já referi, há outra célebre expressão que acaba sendo uma das maiores fontes de angústia. Que atire a primeira pedra quem nunca disse, como resposta a um desabafo: "Apenas seja você mesmo". Sempre que nos sentimos perdidos e sem saber o que fazer, há sempre alguém que nos brinda com essa solução aparentemente milagrosa. Na verdade, compreendo a sensatez desse conselho, mas na maioria das vezes a raiz do nosso problema reside exatamente aí: se não sabemos sequer quem somos, como poderemos desempenhar tal papel?

Eu já disse aqui: é lógico que reconheço a veracidade da afirmação, até porque, à primeira vista, é algo que me parece natural e desejável. No entanto, essa verdade de La Palice tem tanto de óbvio como de complexo. Por isso, pergunto: o que devemos fazer enquanto não soubermos quem somos? Que opção nos resta? E, nesse meio tempo, o que fazer com a pressão social que sentimos, levando em conta o que esperam de nós?

Todo esse sofrimento silencioso que raramente sai do espaço entre as nossas orelhas acontece porque, genuinamente, poucas pessoas, depois de retiradas todas as camadas materiais, sabem o que querem e sabem quem são. Isso acontece porque dói deixarmos de estar entupidos de estímulos desnecessários.

Para nos aproximarmos de quem realmente somos, temos de parar de fugir de nós mesmos. Depois disso, para quem já conseguiu ver além da cortina e teve um pequeno vislumbre do seu lugar no mundo, as coisas também não se tornam obrigatoriamente mais fáceis. Ser quem somos não elimina automaticamente todos os obstáculos do nosso caminho. Os desafios continuarão a existir. Alguns deles podem até ser tão aterradores que nos levam a ponderar uma volta à vida anterior. Talvez a principal diferença seja que agora estamos no trilho certo. Independentemente da velocidade e dos percalços, pelo menos estamos apontando na direção correta.

Sem ilusões ou histerismos, vamos, cada um de nós, tentar dar o melhor que sabemos, pois não somos obrigados a fazer mais que isso. Tudo que nos resta é experimentar. Procurar viver de acordo com essa essência que nos transporta mundo afora. Nunca esquecer quem já fomos, quem somos, e que amanhã podemos vir a ser tudo.

É importante procurar amar sem condições, ou pelo menos tentar. Agradecer todos os dias, ou pelo menos tentar. Sempre que o pensamento estiver lá à frente, voltar ao aqui e agora, ou pelo menos tentar. Largar tudo que já não nos pertence, ou pelo menos tentar. E sermos nós próprios, cada vez mais. Você quer tentar?

DEIXA EU TE FALAR:

A melhor forma
De não conseguir
É deixar de tentar.

HOJE É
UM BOM DIA
PARA

Aprender

Aprender com quem tem mais experiência.

Aprender com o meu passado.

Aprender a me amar do jeito que eu sou.

HOJE É UM BOM DIA PARA

Observar

Observar minhas emoções sem julgamento.

Observar os sinais que a vida me dá.

Observar a beleza das coisas simples.

EM CASO DE DÚVIDA, NÃO DUVIDE DO SEU VALOR

> *Acredite em si mesmo e chegará um dia em que os outros não terão outra escolha senão acreditar com você.*
>
> **CYNTHIA KERSEY**

Assim como o senso comum é cada vez mais raro, também os lugares-comuns se encontram cada vez mais desabitados. São uma espécie de aldeia no interior, para onde, apesar da sua indiscutível beleza, poucos são os que se atrevem a mudar. O excesso de distrações dos grandes centros urbanos e o aconchego da multidão são argumentos recheados de açúcar, prestes a nos viciar numa existência que fica aquém da plenitude. O "acredite em você mesmo" é um desses lugares desertificados pela falta de coragem. Todos concordamos que devemos confiar no nosso valor. É inquestionável. Se estamos de acordo, porque teimamos em duvidar? Não basta acenar com a cabeça. É preciso fazer um esforço para interiorizar essa crença. Da mesma forma que não encontramos um nudista não praticante, também não é possível ser um defensor do amor-próprio meramente no plano teórico.

Sempre vivi muito no "mundo dos porquês". Talvez tenha herdado tal particularidade dos meus tempos de criança. Como qualquer bom questionador deve saber, na hora de duvidar não se olha para os rótulos das perguntas. Nada é mais importante que a busca de um sentido, uma lógica qualquer, um "é isso mesmo!" Algo que nos tranquilize e faça as peças se encaixarem. Até chegarmos lá, duvidamos de tudo. Como seria de esperar, essa peneira de malha fina também não deixa passar o nosso valor. A pessoa que somos é passada a pente fino. É como se estivéssemos constantemente presos a um detector de falhas que, à mínima imperfeição, desata a apitar sem dó nem piedade.

De tanto duvidar, fiquei com dúvidas em relação ao meu "método". Percebi que não era sustentável e que, por mais fundo que fosse, sempre surgiria uma nova questão. Nunca chegaria o dia em que o *checklist* estaria limpa. Impossível. Essa constatação me obrigou a reajustar as velas e a procurar uma nova forma de navegar pelo oceano de incertezas que é a vida. O "não sei" veio para ficar. Mudou-se de mala e cuia, trancou a porta e jogou a chave fora. Como pular pela janela não era uma opção, tive de aprender a relacionar-me com ele de forma mais saudável. E é isso que tenho tentado fazer. Precisamos normalizar as dúvidas que sentimos. É perfeitamente natural, vez ou outra, questionar nosso valor. Ninguém está sempre por cima. Onde houver luz poderá existir sombra. Nós não somos exceção. Nesses instantes de inquietação, dar um passo atrás pode ser a melhor forma de olhar a questão de frente. Sinto isso por quê? Não serei de fato capaz? Ganho algo ao alimentar esse pensamento? Quando resistimos à vertigem do abismo e nos despimos dos receios, descobrimos quão frágeis são. Eles perdem a força insuflada que carregavam e nós recuperamos o nosso poder.

Neste preciso momento, não sei se estou à altura para falar desse tema. Não sei se conseguirei transmitir a mensagem. Não sei se estou deixando de fora alguma palavra mais adequada.

Não faço ideia de qual será a reação do leitor. O desconhecido é vasto e a lista de incertezas, infindável. Assumindo que nunca terei o dom de prever o futuro, só me restam duas opções: apagar tudo que escrevi até aqui e tentar fingir que isso nunca aconteceu, ou manter a caneta na diagonal. Palavra a palavra, frase a frase, na certeza de que estou fazendo o melhor que sei.

As dúvidas vivem conosco. O que não quer dizer que tenhamos de estar sempre com elas. A água que permite que a vida exista é a mesma com que alguém pode morrer afogado. Também as incertezas, por si sós, não são boas nem más. Depende sempre da utilidade que lhes damos. Tanto podemos usá-las como bode expiatório para a nossa inércia como transformá-las em combustível para a excelência. As dúvidas têm a maravilhosa habilidade de nos manter atentos. Ficamos mais presentes, mais focados e zelosos a cada detalhe. Mantêm também a chama da humildade bem acesa, sem esquecer que os pés na terra nunca impediram ninguém de contar as estrelas.

Não te conheço, mas tenho certeza de que, se existe alguém que merece o benefício da dúvida, esse alguém é você. Todos temos algo. Saiba que você é a melhor pessoa do mundo para construir a sua história. Chamem de teorias, autoajuda, *coaching* ou desenvolvimento pessoal: podemos usar os rótulos que quisermos, desde que isso não destoe do sentido do conteúdo. Acreditar em nós próprios deveria ser um lugar que todos temos em comum. Enquanto não for, comece por você.

DEIXA EU TE FALAR:

O seu valor é como o oxigênio,
Não é preciso prová-lo para
saber que ele existe.

DAR O SALTO

> *Não tenha medo de dar grandes saltos.*
> *Ninguém consegue atravessar um abismo*
> *com dois pulos pequenos.*
> **DAVID LLOYD GEORGE**

Você já reparou que apostar na segurança pode ser a decisão mais arriscada que podemos tomar? Quantos times acabaram perdendo ao tentar empatar a partida?

Fruto da nossa herança sociocultural, poucos são aqueles que tiveram a oportunidade de crescer num ambiente em que a tentativa e o erro eram premiados. Enquanto coletivo, sinto que criamos uma atmosfera na qual se respira o medo de falhar. Todos tentamos passar pelos pingos da chuva sem perceber que a experimentação também precisa ser regada. Como tão bem disse o autor norte-americano Denis Waitley, por vezes, não arriscar pode ser o maior risco de todos. Isso posto, e sabendo que os perigos são reais, como podemos ser mais ousados no nosso processo de decisão? Valerá a pena nos "aventurarmos" mesmo sem conseguir prever o desfecho?

Antes de mais nada, importa observar o que nos impede de arriscar. Como sempre, tudo volta ao lugar de costume: o medo. Temos medo de nos magoar, de ver a reputação manchada e de não conseguir sobreviver. Acima de tudo, temos um horror absurdo do desconhecido. Nem sempre a dor da queda advém do tombo em si. O que realmente nos magoa é o sentimento de ego ferido. A projeção que criamos de quem somos não correspondeu à realidade, e isso nos fragiliza. Tantas vezes optamos pelo medíocre, mas previsível, em vez do potencialmente melhor, mas incerto. Quando não sabemos, pelo sim pelo não, esperamos sempre o pior. Uma espécie de pessimismo estrutural que talvez justifique tanta da nossa fragilidade. Outro aspecto que nos assombra as preocupações são as opiniões dos outros. Sem qualquer outro argumento, a não ser a minha experiência pessoal, sinto que, principalmente em Portugal, ainda nos preocupamos mais em parecer do que em ser. As aparências abrem muitas portas, daí continuarmos com o baile de máscaras.

Existe também uma supervalorização do bem-estar material. Na busca da tão almejada felicidade, optamos por abreviá-la e equipará-la ao conforto. Fazendo uma pequena regra de três simples, instituímos que estar confortável seria equivalente a ser feliz. É aqui que começa nossa campanha pelo acúmulo de objetos e consequente criação de uma rede de segurança à prova de imprevistos. Isso, claro está, até que 2020 chegou e nos mostrou que não era bem assim. O conforto pode ser a coisa mais desconfortável que existe. É como se estivéssemos sempre assistindo ao mesmo filme. A princípio, até pode ser engraçado completar as frases das personagens, mas a partir da sétima vez, já não achamos tanta graça. Adormecer os sentidos e estacionar nossa evolução é algo que não dignifica o tempo que viemos passar aqui, você não acha?

Para que consigamos mudar de paradigma, é fundamental parar de demonizar os erros. Não apenas os nossos, mas também os dos outros. Errar faz parte. Ponto. Não podemos andar por aí a pregar que "errar é humano" e que "ninguém nasce sabendo" se depois não toleramos as falhas naturais de qualquer pessoa que esteja fazendo o que quer que seja. Isso me lembra de uma das empresas em que trabalhei, a qual se assumia como "premiadora de erros". Em tese, a chefia incentivava as pessoas a tentar e a experimentar sem medo de falhar. Isso, claro, até que alguém cometesse um erro. Aí, a coisa mudava de figura.

Na verdade, falhar pode ser algo fantástico. As lições das derrotas têm um prazo de validade bastante superior ao das vitórias. Os fracassos, quando devidamente digeridos, contam com um potencial de sabedoria que nos permite criar alicerces mais consistentes, capazes de nos prometer a conquista de mais e melhores vitórias. Por outro lado, pensando no "o que não mata nos fortalece", quanto menos vezes cairmos, maior será o medo de cair. Falta-nos encontrar o chão mais vezes e ouvir o que ele tem a nos ensinar. Resumindo: nada é bom ou mau, tudo é aprendizagem. Isso se fizermos por merecer, claro.

Isso posto, como podemos passar à ação? Talvez o primeiro passo seja avaliar os riscos. Todas as decisões, sem exceção, acarretam consequências. De sair de casa sem o guarda-chuva e não saber se vai chover a continuar numa relação que sentimos que não nos faz bem. Estar vivo é estar constantemente escolhendo — não há forma de escapar. É também nessa fase de avaliação que acabamos cometendo o primeiro erro crasso. Uma vez que sentimos um pavor tremendo em relação ao desconhecido, ou simplesmente porque somos preguiçosos, acabamos por exagerar os riscos e por lhes dar uma dimensão que não é a sua. Apontamos qualquer fato improvável e o assumimos como um perigo iminente. Isso cria uma justificativa fictícia para não agirmos e nos desresponsabiliza do comando da nossa própria vida. Simples, não é? Somos peritos nessa arte.

Se conseguirmos ultrapassar essa primeira armadilha com distinção, então temos à nossa espera o passo seguinte: a gestão de expectativas. Todos esperamos algo de tudo. Tanto pode ser do restaurante que escolhemos como da oferta de emprego que aceitamos. Atenção: não estou dizendo que é errado ter expectativas. É perfeitamente normal tê-las. Aquilo que não devemos fazer é apegar-nos em demasia, pois, quando o fazemos, podemos abrir a porta para a desilusão. Esperar o inesperado é sempre a opção mais sensata.

Em terceiro e último lugar vem a rede de segurança: o voltar atrás. Obviamente, não contamos com a opção CTRL+Z, mas é sempre mais fácil retroceder nas decisões do que imaginamos. E são muitas as ocasiões em que nos esquecemos dessa "facilidade". Antes de ir morar sozinho em Cabo Verde, eu tinha muito medo de me arrepender. Julguei-me insensato e ingênuo, mas sempre com o bilhete de avião me obrigando a manter a minha opção. Depois de me empanturrar de ansiedade sem qualquer fundamento, fez-se a luz: "Espera aí, se eu não gostar, sempre tenho a possibilidade de voltar, e está tudo bem". Isso agora soa tão óbvio que até me custa a entender por que demorei tanto tempo para chegar a essa conclusão. No entanto, a verdade é que grande parte das decisões é reversível. Não obrigatoriamente ao ponto de onde partimos, mas, pelo menos, lá perto. Podemos sempre desistir da escolha, só não o devemos fazer à primeira adversidade.

Felizmente, tenho o privilégio de já ter conversado com muitas pessoas que decidiram arriscar e fazer diferente. E sabem o que todas têm em comum? Isto: "Afinal, não foi assim tão complicado". Dan Brown disse que às vezes percorremos distâncias muito maiores para evitar aquilo que receamos do que para ter aquilo que desejamos. Acredito que, em maior ou menor escala, todos já passamos por isso. É tempo de deixar de andar às voltas e começar a caminhar na direção das decisões que nos aproximam de nós.

DEIXA EU TE FALAR:

Nem todos os atalhos
Nos levam a trabalhos.

CORAGEM DE VIVER

*Faça o que tem medo de fazer
e a morte do medo será certa.*
RALPH WALDO EMERSON

Nunca mais me esqueci do dia em que saí furioso do oftalmologista. Eu tinha 16 anos e estava farto de usar óculos. Queria mudar urgentemente para as lentes de contato, uma opção bem mais discreta e prática. Só havia um pequeno problema: a sensibilidade dos meus olhos. Assim que o dedo se aproximava, as pálpebras não hesitavam em se fechar. Era um reflexo instantâneo. Depois de duas tentativas frustradas, decidi tentar de novo. A técnica responsável pela árdua missão já me conhecia, não pelas melhores razões, obviamente. Quando me viu entrar acompanhado da minha mãe, esboçou um sorriso, como quem diz: "Lá vem ele outra vez". Seguimos para o consultório e repetimos o processo. Para meu desespero, não havia forma de a lente entrar no olho. Cansada de me aturar, a senhora despiu a máscara de profissional atenciosa e disse: "Esqueça. Você nunca vai conseguir usar lentes". Ao mesmo tempo que não queria acreditar no que acabara de ouvir, fui tomado por uma cólera inexplicável. Quem ela achava que era para me dizer uma coisa daquelas? Senti-me injustiçado e profundamente ofendido.

Apoiei-me na rebeldia característica da idade e lhe pedi uma caixa de lentes para treinar em casa. Como se a sua opinião não tivesse ficado clara, voltou a reforçar: "Pode continuar tentando, mas duvido que consiga". Naquele momento, o assunto deixou de ser a minha saúde oftalmológica. Eu queria, a todo custo, provar que ela estava redondamente enganada. Passei quinze dias na frente do espelho, irritado e frustrado, sem nunca desistir. Depois de incontáveis tentativas e com o olho em claro sofrimento, consegui colocar a maldita lente. Não sei se fiquei mais feliz por ter conseguido ou por ter a oportunidade de voltar ao consultório e dizer: "Então eu nunca ia conseguir, não é?"

Durante alguns anos, guardei esse exemplo como o expoente máximo do combustível que recebemos sempre que alguém nos subestima. Isso até conhecer o Francisco, o "pioneiro de Covilhã". Apesar de oriundo da Cova da Beira, foi na Eslováquia que nos cruzamos pela primeira vez. O programa Erasmus fez que nossos caminhos se interceptassem, e ainda bem que foi assim. O fim do verão de 2010 marcou o início de um dos capítulos mais importantes da nossa existência. Lembro-me de estar na residência de estudantes, sentado na cama, conversando com outros portugueses que conhecera. Digam o que disserem, poder falar português além-fronteiras tem e sempre terá um gosto especial. O papo já ia longe quando fomos interrompidos por batidas na porta. Levantei-me e fui ver quem era. Assim que abri, antes de um "olá" ou um "tudo bem?", fui questionado: "Vocês são portugueses?" A resposta era óbvia, mas de qualquer forma, em uníssono, todos respondemos afirmativamente. Assim que reconheceu que estava entre conterrâneos, ele respirou de alívio. De olhos esbugalhados, ainda tentando entender onde tinha se metido, tirou o casaco, pousou o sanduíche que trazia no bolso e juntou-se a nós.

Ao final de uma hora, não me restavam dúvidas: o Francisco era uma inspiração.

Aos 22 anos, voar até ao centro da Europa sozinho tinha sido sua primeira experiência num avião. Isso, por si só, já revelava alguma ousadia e coragem, mas em nada se comparava com os desafios que teve de enfrentar até chegar lá. Filho único e criado num meio conservador, aos 14 anos recebeu o diagnóstico de diabetes e, com isso, de um futuro limitado. Essa desvantagem aprisionou a sua adolescência numa redoma de vidro. Pegos completamente de surpresa, os pais fizeram o melhor que podiam para protegê-lo. Por outro lado, instintivamente, Francisco tornou-se uma pessoa mais regrada e cautelosa, tudo para evitar preocupar ainda mais quem o amava. Isso acabou acentuando a timidez e a vergonha da sua condição. O sobressalto que a doença lhe induzia era constante, o que o obrigava a optar sempre pelo seguro — tudo que um jovem não deseja. Esse protecionismo exacerbado acabou desvirtuando a realidade. No seu inconsciente, instalou-se a crença de que o mundo era um lugar perigoso, repleto de ameaças, e que o mínimo deslize podia ser fatal. Apesar de fisicamente segura, a "bolha" em que vivia não lhe permitiu sentir tudo que a juventude tinha para lhe oferecer.

Quando atingiu a maioridade, teve a possibilidade de ingressar na Universidade da Beira Interior. Apesar de permanecer na mesma cidade, teria a oportunidade de desvendar uma nova realidade. Como calouro, foi tratado exatamente da mesma forma que o resto dos colegas, o que o ajudou a se empoderar e a se sentir igual aos demais. Sentiu-se integrado como nunca. Ainda assim, os resquícios do protecionismo, juntamente com a baixa autoestima, inquietavam-no. A faculdade lhe mostrou que havia vida além da "bolha" em que fora criado. Por maior que fosse a empatia manifestada por parte dos colegas, alguns ainda o subestimavam. Viam-no como uma "flor de estufa", sem condições para desabrochar. Vencido pelo cansaço de ser o "coitadinho", desistiu de ser a vítima e tentou provar ser capaz de mais, muito mais. O respeito se conquista por meio de grandes feitos, o que obrigava Francisco a uma decisão radical. Algo que ninguém esperava que fosse capaz de fazer. Diante da falta de referências que o inspirassem, agarrou-se à história de Desmond, personagem da série de ficção *Lost*. Com a ambição de provar que estavam enganados a seu respeito, Desmond decidiu dar a volta ao mundo de barco. Ainda que ficcional, esse exemplo de superação ajudou-o a decidir embarcar no programa Erasmus. Essa aventura, por si só, não lhe pareceu suficiente. Daí a opção de ir para um país onde nenhum outro aluno tivesse estudado. Tratou de tudo, criou a ligação entre ambas as instituições e, graças a isso, hoje tem o título de pioneiro que ninguém lhe pode tirar. Essa foi a primeira de várias conquistas que foi acumulando. Sua mala começava a se encher de confiança, otimismo e autoestima.

A ambição e o foco do Francisco não deixaram que os medos decidissem por ele. O rapaz estava comprometido com o objetivo de provar, não só aos outros, mas sobretudo a si próprio, que era capaz. Queria eliminar a timidez, a insegurança, e descobrir que afinal era autônomo. Bratislava deu-lhe tudo isso. Ele se abriu ao mundo, arriscou e, com todo o mérito, cortou o cordão umbilical que o prendia à vida antiga. E como fico orgulhoso e feliz por ter testemunhado tal transformação. O processo foi de tal forma profundo que, pela primeira vez, ele até se apaixonou por uma moça! A figura do incapaz, "coitadinho" e dependente morria ali. Expandiu-se tanto que nunca mais conseguiu voltar ao tamanho anterior. Passados seis meses, assim que voltou a Covilhã, foi recebido de forma apoteótica. Todos queriam ouvir suas aventuras e, tal como Desmond, saber de que modo ele tinha dado a volta ao (seu) mundo.

Felizmente, Francisco conseguiu usar o desconforto para se transformar. No entanto, nem sempre é assim. Por vezes, sucumbimos à opinião alheia e perdemos a identidade com que nascemos. Identificamo-nos de tal forma com o contexto em que estamos inseridos que desistimos de ser quem somos. Não encontramos uma réstia de esperança, nem uma luz que nos ilumine o caminho. Não se trata somente de uma questão de sorte ou azar, há sempre escolhas que estão ao nosso alcance. A água fervente tanto pode amolecer a batata como endurecer o ovo. O essencial é a matéria com que decidimos moldar a nossa atitude. "O importante não é aquilo que fazem de nós, mas o que fazemos do que os outros fizeram de nós", escreveu Sartre. Só depende de cada um a maneira como escolhe interpretar aquilo que a vida lhe traz. Resta saber se esse poder nos faz sentir assustados ou se o encaramos como uma forma de libertação.

Francisco vive na Polónia há nove anos. A diabetes está controlada e, com os devidos cuidados, ele consegue ter uma vida normalíssima. Nunca mais dividimos residência, e pouco nos encontramos. Mas, apesar da ausência, seu percurso continua bastante presente e sou profundamente grato pela lição valiosíssima que ele me transmitiu.

Muito obrigado por ter escolhido viver a sua vida, pioneiro de Covilhã.

DEIXA EU TE FALAR:

Somos fruto do que
~~Plantaram em nós~~
Escolhemos regar.

HOJE É UM BOM DIA PARA

Ser

Ser quem sou, em vez de quem penso que tenho de ser.

Ser livre.

Ser humano.

HOJE É UM BOM DIA PARA

Confiar

Confiar no meu valor.

Confiar que tudo é o que tem de ser.

Confiar no que a intuição me diz.

"NÃO CUSTA TENTAR"

> *Se ouvir uma voz dentro de você dizendo que não pode pintar, pinte sem hesitar e a voz será silenciada.*
>
> **VINCENT VAN GOGH**

Não concordo totalmente com o título deste capítulo. Na verdade, tentar fazer algo pode custar, e muito. A atividade em si não tem de ser algo extraordinário. No entanto, sempre que nos debruçamos sobre uma tarefa que nunca fizemos, nossa mente criativa entra em serviço. Começa a questionar se temos mesmo capacidade para fazer aquilo. Depois, tenta nos mostrar que faltam meios para a sua concretização. E, por fim, nos leva a temer a opinião cortante das outras pessoas. São essas as três gavetas que guardam a maioria dos sonhos esquecidos. À medida que se afastam da vista, vão também ficando cada vez mais longe do coração. Por uma questão de "sobrevivência", parece sempre mais lógico deixar de lado o que temermos fazer. Trancamos a gaveta e regressamos ao conforto do normal, regular e previsível. Só existe um pequeno porém: o "bichinho" vai continuar em nós. Sem necessidade de grandes cuidados alimentares, continuará a crescer até lhe darmos ouvidos, tempo e dedicação. Caso contrário, só nos resta viver com a frustração de tudo que poderíamos ter sido, mas nunca fomos.

Meu gosto pela escrita tem mais de quinze anos. Desde a adolescência, sinto um prazer particular em me expressar pelas palavras. Quando fazemos os testes de orientação vocacional, no final do 9º ano, creio que a opção "escritor" não consta dos resultados. Além de não existir um curso para tal, ninguém vai cometer a ousadia de dizer a um jovem para seguir um caminho sinuoso, sem grandes garantias. Talvez por isso, no ensino médio, eu tenha ido parar no curso de economia. Apesar de todos os desvios e estradas cortadas, meu "bichinho" nunca me abandonou. Eu não sabia bem como materializá-lo. Além disso, estava ciente de que só valia a pena me dedicar ao que dá dinheiro. Como se a compensação monetária fosse sinônimo de realização pessoal.

Então, cansei de esperar. Queria que a minha arte fosse reconhecida de alguma forma. Precisava provar a mim mesmo que era possível ser pago por aquilo que escrevia. Na época, descobri um *site* de textos por encomenda. Uma plataforma na qual se encontravam criadores de conteúdo e diversas páginas que necessitavam desses mesmos conteúdos. Não fiquei muito confortável por saber que não ia escrever aquilo que sentia, mas sim o que os outros queriam. Ainda assim, isso não me impediu de me inscrever. Era necessário comprovar que estava apto para a função. Pela primeira vez na vida, eu seria avaliado por aquilo que escrevia. A sensação era esmagadora. De repente, o juízo final relativo a mim estaria nas mãos de outras pessoas. Assim que o registro no *site* ficou completo, dediquei dois dias à criação do artigo de apresentação. Li, reli e voltei a ler. Cada palavra, vírgula e ponto-final foram colocados com uma precisão inédita. Quando senti que estava perfeito, salvei e enviei. No dia 20 de maio de 2014, chegou a resposta: "Lamentamos informar que a sua candidatura foi rejeitada, portanto não é possível concluir a sua inscrição".

Para o caso de algum dia me esquecer de onde vim, ainda guardo esse *e-mail* automático com o assunto "candidatura não aprovada". Como você pode imaginar, meu mundo caiu. O primeiro sentimento foi de revolta e indignação. O ego gritou de imediato: "Quem são eles para dizer que o meu texto não está bom?!" A partir daquele momento, todos os que expõem seus sonhos em concursos de televisão ganharam meu enorme respeito. Não é nada fácil lidar com a rejeição, sobretudo quando falamos de sonhos.

Nessa mesma mensagem, me convidavam a tentar novamente e a fazer tudo de novo. Ponderei bastante se devia fazê-lo. Se ser rejeitado uma vez já doía, nem queria imaginar uma segunda dose. Felizmente, a vontade inicial falou mais alto e voltei a escrever. Apanhei a autoestima e o orgulho que tinham caído e coloquei o ego ferido de lado. Como a opinião dos jurados não dependia de mim, decidi me agarrar àquilo que podia influenciar: as palavras. Fiz tudo a partir do zero e acrescentei as lições que retirei da experiência menos positiva. Voltei a enviar e aguardei, expectante. Frágil e inseguro por dentro, mas com um desejo enorme de conhecer o veredito.

Passaram dois dias e chegou uma resposta positiva! Senti uma mistura de alegria por ser aceito e alívio por escapar à rejeição. O primeiro passo estava concluído, faltava agora começar a despachar encomendas. Iam me pagar dois euros por texto. Sim, você leu direito: dois euros. Na minha cabeça, receber alguma coisa por um trabalho que não me importava de fazer de graça era um sonho. A pior parte foram os temas que não tinham nada que ver comigo. Detestei aquilo que escrevi, apesar do *feedback* positivo dos clientes. Só queria produzir cinco textos, pois era o mínimo para levantar o dinheiro da plataforma. Assim que totalizei os dez euros, saquei-os de imediato. Aquela nota de tons avermelhados me soou como se valesse mil euros. Afinal era possível ser pago por algo que eu amava fazer.

    Esse foi apenas o primeiro pequeno grande passo. Nesse mesmo ano, motivado pela quantia milionária que recebi, lancei também um blogue. Dois anos depois, apresentei-me nas redes sociais. E finalmente, em 2019, lancei meu primeiro livro. Como seria de esperar, em cada um desses degraus senti medo. Todos são diferentes e não há corrimão capaz de nos amparar. Quando gostamos do que fazemos, sentimo-nos especialmente vulneráveis, sobretudo numa fase inicial. O "bichinho" e o medo vivem lado a lado e estão sempre conosco. Nossos esforços não devem ir no sentido de tentar silenciá-los, mas sempre de ouvir o que têm para nos dizer. Temos muito a aprender com o que se passa dentro de nós. Se sentimos, precisamos tentar. Não existe outra forma. Nenhum treino ou aquecimento substitui a sensação de jogar como titular. A experiência, como a própria palavra indica, adquire-se experimentando. Podemos ler muito, estudar, reunir todas as condições, mas sem o grito de "ação" tudo isso terá sido em vão e o filme nunca começará.

    Aprendemos muito mais fazendo do que imaginando. Para sentir o prazer de nos levantarmos, temos de estar dispostos a cair. Nada é erro, falha ou percalço. Tudo faz parte de um todo bem maior. Também não necessitamos da autorização de ninguém para fazer o que quer que seja. Como é impossível agradar a todas as pessoas, foque em não desiludir o seu "bichinho". Nunca ceda. Você vai ver que, cedo ou tarde, tudo valerá a pena.

DEIXA EU TE FALAR:

Não tentar
Também custa.

VOCÊ FAZ FALTA

Por que você permanece na prisão se a porta está completamente aberta?

RUMI

Jantar na casa de alguém é sempre um motivo de alegria. Bem melhor do que ir ao restaurante, onde há a pressão para liberar a mesa e o risco de cada um seguir para o seu lado mal a refeição termina. No conforto do lar, podemos ficar horas sem sair da cadeira. Pôr a conversa em dia noite adentro, até alguém olhar para o relógio e exclamar: "Nossa, já é tarde, preciso ir embora". Uma das receitas para o sucesso desses jantares é cada um ficar incumbido de levar algo. Diz a regra que quem recebe assume as rédeas do prato principal. Bebidas, entradas e sobremesas ficam a cargo dos convidados. O planejamento prévio garante que a logística seja devidamente cumprida, não havendo o risco de todos trazerem as mesmas coisas. É dessa forma que também olho para a vida. Todos fomos convidados a participar desse banquete, entre o dia em que nascemos e o momento de arrumar os talheres. Mesmo que não tenhamos consciência disso, cada um de nós ficou de trazer algo para a refeição. Algo único e especial. Algo a que comumente chamamos "propósito". Uma missão que traga diversidade para a mesa. Foi isso que a vida combinou conosco.

Na falta de (mais) um grupo de WhatsApp para confirmar o que devemos levar, nos vemos obrigados a improvisar. Assim que chegamos ao supermercado, deparamos com o resto dos convidados, todos comprando o mesmo pão de alho congelado. A enorme afluência às geladeiras nos faz hesitar em ir ao corredor dos vinhos. A zona das bebidas está deserta, não se vê uma alma viva, e é aí que fazemos a primeira dedução errada: "Se estão todos levando pão de alho, então deve ser isso que tenho de comprar também". Isso explica o porquê de vivermos numa sociedade em que, apesar das diferenças, a maioria se comporta da mesma maneira. Fomos convidados a fazer parte desse jantar e, por ignorância nossa, não saímos das entradas. E, além de comermos apenas mais do mesmo, ainda ficamos empanturrados, pois ninguém se atreveu a correr o risco de trazer uma bebida. Essa relação não é óbvia, mas é aqui que identifico a origem de grande parte dos desequilíbrios da sociedade. As pessoas encontram-se alienadas da sua individualidade e completamente alheadas do seu papel no mundo. Ainda vigora a ilusão de que é possível mudar a lista e trazer algo que não estava previsto. Somos ingênuos, por isso acreditamos que a vida pode nos amar ainda que não estejamos apaixonados por ela. Ninguém pode almejar uma existência digna através de hábitos, pensamentos e discursos medíocres. Como se o cosmos não estivesse nos observando e vendo exatamente o que andamos fazendo. Ao contrário de alguns percursos, no nosso caso não é por fora que chegamos mais depressa. Precisamos ir por dentro, atravessar o interior e descobrir a verdade que nos liberta. A luz que ilumina a lista e nos permite ver exatamente o que viemos fazer aqui.

Experimentar ser quem somos é o mínimo que podemos ambicionar. É a mais nobre demonstração de amor-próprio e de gratidão para com a oportunidade que é estarmos aqui. Desde que assumi esse compromisso, tenho tentado cumprir os desígnios da minha existência da melhor forma possível. À medida que percorro esse caminho, vou percebendo que não se trata apenas de um dever, mas também de uma obrigação. Adquiri essa certeza na primeira Feira do Livro de que participei. Estava no meio de uma sessão de autógrafos quando vi, de forma discreta e envergonhada, um rapaz se aproximar. Inexperiente na arte de lidar com os leitores, senti algum desconforto. A linguagem corporal que ele apresentava não era a habitual. Quis me preparar para tudo que pudesse advir dali, por isso fiquei meio na defensiva. Dei-lhe o controle da situação e esperei para ver o que fazia. Assim que chegou perto, desarmou-me com um abraço apertado. Fiquei ainda mais desorientado, sem saber o motivo daquela introdução. Assim que desfizemos o abraço, demos um passo atrás e começamos a falar. Eu não podia acreditar no que estava ouvindo. O rapaz explicou que o meu livro tinha sido o grande catalisador para uma decisão importante na sua vida: a de iniciar o processo de mudança de sexo. Fiquei sem palavras e tocado com aquela partilha crua, descomplexada e tão genuína. Pela primeira vez eu tinha a real noção do impacto das coisas que escrevia.

Não posso partir do princípio segundo o qual sem o meu livro aquela coragem nunca teria brotado. O mérito é sempre de quem atravessa a porta, não de quem a abre. Contudo, sei que fazer aquilo que mais amo pode influenciar outras pessoas a seguir pelo mesmo caminho. Quão egoísta seria deixar de fazer o que sinto, permitindo que os medos e as inseguranças levassem a melhor? Quão redutor seria trazer apenas mais um pão de alho para a mesa? Temos de deixar a nossa luz brilhar. É através daquilo que nos provoca entusiasmo que o mundo vai mudar. O nosso e o dos outros. Um lugar melhor é feito por pessoas que tentam ser a sua melhor versão. Sem pressa nem obsessões. Simplesmente ser. Estarmos conscientes do que não somos, de onde não devemos estar e com quem não faz sentido ficar. Menos do que isso equivale a nada. Num instante qualquer, você pode ter cometido o erro de se catalogar como irrelevante. Assim, julga que não vale a pena tentar, que a sua luz não brilha e que o risco é demasiado elevado.

O seu exemplo pode ajudar muitas mais pessoas do que aquelas que você imagina. Algumas farão questão de agradecê-lo no instante em que você as ajudar. Outras vão demorar mais tempo e pegar você completamente de surpresa. Em algumas, você nunca saberá o impacto causado, nem deve ser essa a sua força motriz. Basta ser você mesmo, sem hesitar. Faz falta nessa mesa aquela sobremesa que ninguém pode trazer no seu lugar. Podemos contar com você?

DEIXA EU TE FALAR:

A vida é um espelho.
Acredite em você
E ela fará o mesmo.

VIAGEM DE VOLTA

O livro está terminando. Apesar de os capítulos terem chegado ao fim, eu gostaria muito que este final marcasse o início de algo. O começo de uma perspectiva mais otimista sobre a sua vida e de uma existência mais consciente, serena e repleta de amor por si mesmo e por tudo aquilo que o rodeia.

Ainda que distantes uma da outra, cabe-nos a responsabilidade de aproximar a teoria da prática. Por que você não experimenta ser a prova viva daquilo em que acredita, do que sente e dos valores que o movem?

O que custa é não tentar.

O mundo é feito de imprevistos, incertezas e coisas inesperadas. Abdique do controle. Renda-se ao que a vida guardou para você e não perca tempo com julgamentos. Foi tudo que você viveu até aqui que lhe permitiu chegar aqui.

É quando você deixa de forçar que a vida começa a fluir.

É quando você confia naquilo que sente que deixa de hesitar.

É quando você escolhe aquilo que te faz feliz que pode realmente sê-lo.

O presente está nas suas mãos. Aceite a oferta.